# Hunde flüstern anders – Körpersprache des Hundes

## Die faszinierende Welt der Körpersprache von Hunden und wie sie uns ihre Gedanken und Emotionen mitteilen

**Autorin
Jennifer Schöffel**

ISBN Paperback: 9798858518174
ISBN Hardcover: 9798858518419

Alle Rechte vorbehalten. Nachdruck sowie Auszüge sind verboten.

Kein Teil des Werkes darf ohne schriftliche Genehmigung des Autors in irgendeiner Form reproduziert, vervielfältigt oder verbreitet werden.

## INHALT

Inhalt .................................................................. 3

Über die Autorin ................................................ 1

Einleitung ......................................................... 3

Was ist Kommunikation? ................................. 7

    Schulz von Thun – Sender und Empfänger .............. 9

    Die Gemeinsamkeiten zwischen Mensch und Hund ................................................................ 16

Wolf und Hund im Vergleich ......................... 19

    Wie kommunizieren Wölfe ................................ 24

    Wie kommuniziert der domestizierte Hund? ......... 29

    Kommunizieren Hunde in allen Phasen des Erwachsenwerdens? ........................................ 34

    Die Entwicklung der Körpersprache vom Welpen zum erwachsenen Hund ................................... 37

Die Lautsprache der Hunde in der Kommunikation . 40

    Bellen ............................................................ 42

    Knurren ......................................................... 48

    Fiepen ........................................................... 52

    Winseln ......................................................... 56

    Heulen .......................................................... 57

    Zähneklappern .............................................. 60

    Schreien ........................................................ 62

Die Körpersprache als Kommunikation ........ 63

    Die Mimik in der Kommunikation ..................... 65

Wie verändern sich Körperachse: Kopf, Hals, Rücken, Rute und Läufe in der Kommunikation? ...... 80

Die Körperverlagerung und Körperspannung des Hundes ................................................................. 94

Die Körpersprache des Hundes in der Praxis ........ 96

Was möchte uns der Hund eigentlich sagen? ........ 98

So setzen Hunde ihre Körpersprache in der Kommunikation ein ............................................... 100

Aufregung und Erregung ....................................... 102

Freude ...................................................................... 106

Angst ....................................................................... 109

Stress ....................................................................... 113

Imponieren ............................................................. 117

Dominanz ................................................................ 120

Flirten ..................................................................... 123

Aggression .............................................................. 126

Spielbereitschaft .................................................... 130

Unsicherheit ........................................................... 134

Neugierde ............................................................... 137

Eifersucht ............................................................... 141

Ekel ......................................................................... 144

Trennungsangst ..................................................... 146

Territorialverhalten ............................................... 148

Jagdverhalten ......................................................... 152

Aktives und passives Demutsverhalten ............... 156

Defensives und offensives Drohverhalten ............ 159

Komfortverhalten ................................................. 162

Rückzugsverhalten ............................................... 165

Sexualverhalten ................................................... 168

Konfliktvermeidung in der Kommunikation von Hunden ................................................................. 171

Kommunikation durch BeschwichtigungsSIgnale (Calming Signals) ..................................................... 172

Kommunikation durch Übersprungshandlungen 176

Welche Rolle spielen Gerüche in der Körpersprache und Kommunikation von Hunden? ............................... 178

Kommunikation durch Urinieren, Koten, Wittern, Aaswälzen, Kot fressen ............................................. 179

Fazit .................................................................... 183

Danksagung ......................................................... 185

Bonus: Praxisbeispiele und Lösungsansätze ........... 187

Abbildungsverzeichnis .......................................... 188

Literaturverzeichnis ............................................. 190

Rechtliches .......................................................... 196

"Kommunikation besteht immer aus drei wesentlichen Bestandteilen: nämlich dem Sender, dem Empfänger und dem Signal."

Dr. Udo Gansloßer

## ÜBER DIE AUTORIN

Jennifer Schöffel ist nicht nur eine leidenschaftliche Hundehalterin, sondern auch Autorin, Hundeliebhaberin und Inhaberin von HUNDios.de, einem Hundeblog mit hundiosen Beiträgen und einer Menge Fachwissen rund um den Hund. Für die Autorin sind Hunde nicht nur ein Haustier, sondern vollwertige Familienmitglieder, treue Alltagsbegleiter und der beste Freund zugleich. Zwei Hunde begleiten sie schon viele Jahre in ihrem Leben, die beide ihre ganz eigenen Charaktere haben.

Durch ihren ersten Hund (Richy, mittlerweile 6 Jahre alt aus der Tötungsstation) wuchs das Interesse an Hunden im Allgemeinen. Mehr und mehr wurde das Fachwissen in Richtung Hundeerziehung, Hunderassen und Ernährung vertieft. Schnell wurde der Autorin klar, dass sie mehr mit Hunden machen möchte, als nur ihre Freizeit verbringen. Das Interesse am Hundetraining und der Körpersprache des Hundes wuchs schnell, sodass sie sich entschloss dieses Fachwissen zu vertiefen.

Eine Ausbildung als Hundetrainerin folgte, genauso wie eine Weiterbildung als Entspannungstrainerin für Hunde und viele weitere zahlreiche Webinare und Seminare. Die Eröffnung des eigenen Hundeblogs war schon längere Zeit ein Traum von Jennifer Schöffel und ihrem Mann Marco

Schöffel, der Mitwirkender dieses Buches ist. Der hauptberufliche Berufschullehrer teilt die Leidenschaft und Liebe zu Hund, wirkt bei HUNDios mit und macht ebenfalls eine Ausbildung zum Hundetrainer.

Beide haben nicht nur das gleiche Hobby, sondern teilen die Leidenschaft zu Hunden. Beides zusammen hat uns zu unserer Berufung geführt: Hunde zu trainieren und Menschen zu helfen, ihre Vierbeiner zu verstehen.

Abbildung 1: Jennifer und Marco Schöffel mit ihren zwei Hunden Richy (links) und Tommy (rechts)

# EINLEITUNG

Hunde sind treue Begleiter und gelten seit jeher als der beste Freund des Menschen. Doch wie können wir sicherstellen, dass wir sie verstehen und ihnen gerecht werden? Wie kommunizieren Mensch und Hund miteinander, um gegenseitiges Verständnis aufbauen zu können? Wie kann ein Hund wissen, was der Mensch von ihm erwartet und umgekehrt? Die Antwort liegt in der Körpersprache der Hunde. Hunde kommunizieren hauptsächlich über ihre Körperhaltung, ihre Bewegungen und ihre Ausdrucksweise. Je mehr wir uns mit der Körpersprache des Hundes vertraut machen, umso besser können wir ihr Verhalten interpretieren und verstehen.

In diesem Buch geht es um die Körpersprache von Hunden und wie wir sie nutzen können, um eine bessere Beziehung zu unseren vierbeinigen Freunden aufzubauen. Wir werden uns verschiedene Aspekte der Hunde-Körpersprache ansehen. Von der Schwanzhaltung über die Ohrenstellung bis hin zu den Augen und dem Gesichtsausdruck.

Dieses Buch soll dazu beitragen, dass wir unsere Hunde besser verstehen und unsere Beziehung und Bindung zu ihnen auf eine noch tiefere Ebene bringen können.

Die Kommunikation ist einer der wichtigsten Bestandteile im Alltag. Nicht nur für uns Menschen, sondern auch für unsere Hunde. Wir kommunizieren jeden Tag mit anderen Personen und mit unseren Haustieren.

Doch wie funktioniert die Kommunikation zwischen Mensch und Hund? Vorab ist es wichtig, dass Hunde die menschliche Sprache nicht verstehen. Für uns Menschen ist es wichtig, bestimmte Methoden der Kommunikation und Lautsprache einzusetzen, um mit dem eigenen Vierbeiner interagieren zu können. Die Körpersprache spielt dabei eine entscheidende Rolle und gehört mit zu den wichtigsten Methoden.

Schließlich ist es die Körpersprache, die uns Auskunft darüber gibt, wie sich unser Hund gerade fühlt, was er braucht oder wie seine Stimmung in unterschiedlichsten Situationen ist. Hunde können sich nicht, wie wir Menschen, mit Worten ausdrücken.

**Abbildung 2:** Körpersprachliches Ausdrucksverhalten beim Hund

Damit sie ihre Gefühle und Bedürfnisse mitteilen können, benutzen sie ihre Laut- und Körpersprache. Ein gutes Beispiel für den Ausdruck von Hunden ist das Bellen. Hunde fangen aus den unterschiedlichsten Gründen an zu bellen. Etwa wenn sich ein Fremder dem Grundstück nähert, um zu signalisieren, dass dort jemand ist oder als Spielaufforderung gegenüber seinem Menschen oder anderen Hunden. In diesem Ratgeber zur Körpersprache des Hundes möchten wir genau auf diese Details eingehen und dabei helfen, den eigenen Vierbeiner besser zu verstehen. Nur mit der richtigen Kommunikation ist es Mensch und Hund möglich, seinen Alltag zu beschreiten und eine gute Bindung aufzubauen.

Um die Laut- und Körpersprache besser verstehen zu können, haben wir in diesem Buch Hundevideos als Werkzeug eingesetzt. Diese Videos sollen zeigen, wie Hunde untereinander kommunizieren, welche Lautsprache sie in verschiedenen Situationen verwenden und wie sie in bestimmten Situationen reagieren. Schließlich gibt es verschiedene Faktoren, welche die Körpersprache eines Hundes beeinflussen können. Angefangen bei der Hunderasse bis hin zur Persönlichkeit des Vierbeiners. Als Hundehalter ist es wichtig, sich mit der Körpersprache des Hundes auseinanderzusetzen, um verstehen zu können, was der eigene Vierbeiner einem sagen möchte und was er braucht. Es ist für uns Hundehalter umso leichter, in bestimmten Situationen zügig zu handeln, da wir wissen, was unser Hund in dem Moment zeigt. Dies funktioniert am besten durch eigene Beobachtungen, hilfreichen Hundevideos und einem soliden Grundwissen über Laut – und Körpersprache.

In diesem ausführlichen Ratgeber haben wir alle relevanten Fakten zum Thema Körpersprache bei Hunden zusammengefasst. Wir gehen auf die wichtigsten Aspekte der Körpersprache ein, untersuchen die Signale und konzentrieren uns darauf, was Hunde uns sagen möchten. Dazu stellen wir zahlreiche Hilfestellungen und Tipps zur Verfügung, die helfen werden, Hunde besser zu verstehen. Zudem gehen wir auf die Bedeutung der Körperhaltung, der Mimik und weiterer Faktoren ein.

Wir haben uns als Ziel gesetzt, unseren Lesern ein informatives Wissen zu vermitteln, welches mit einem ausführlichen Praxisteil gekoppelt ist, um die Körpersprache von Hunden zu verinnerlichen und zu verstehen.

Viel Spaß beim Lesen!

## WAS IST KOMMUNIKATION?

Kommunikation umfasst den Austausch von Gedanken, Gefühlen und Informationen zwischen einer oder mehreren Personen (Reichertz 2010). Dieser Austausch ist auf verschiedenen Arten möglich. Etwa durch die gesprochenen oder geschriebenen Worte eines Menschen, durch die Signale der Körpersprache oder sogar durch die Mimik. Zudem kann Kommunikation bewusst, aber auch unbewusst erfolgen oder sogar in verschiedenen Kontexten stattfinden. Es ist bei der Vermittlung einer Botschaft besonders wichtig, diese klar und verständlich für sein Gegenüber zu übermitteln. Und zwar so, dass der Empfänger diese versteht. Wir Menschen kommunizieren täglich. Sei es mit dem eigenen Partner, mit dem eigenen Kind, auf der Arbeit oder mit dem Haustier.

Die Kommunikation zwischen Menschen ist ein breit gefächertes Thema. Das Gleiche gilt für die Kommunikation unter Hunden. Unsere Vierbeiner senden uns nonverbale Signale, um miteinander interagieren zu können. Diese Signale umfassen die Körpersprache, die Lautsprache, Geräusche, Gesichtsausdrücke und Duftmarken.

> Man kann nicht NICHT kommunizieren!
> Paul Watzlawick (Watzlawick 2016)

Für ihre Kommunikation nutzen Hunde hauptsächlich ihre Körpersprache. Sie benutzen dabei die Bewegung und Position ihrer Rute, die Ohren, die Pfoten und ihren gesamten Körper. Hunde können mithilfe ihrer Körpersprache Gefühle und Emotionen übermitteln. Ein Hund mit einer eingezogenen Rute und zurückgezogene Ohren kann Angst und Unsicherheit zeigen. Ein Vierbeiner, der seine Rute aufrecht nach oben hält und die Ohren aufrichtet, ist besonders aufmerksam und zeigt Neugierde. Neben diesen beiden Beispielen der Körpersprache gibt es noch viele weitere, mit denen der Hund uns etwas sagen möchte. Doch nicht nur uns Menschen zeigt ein Vierbeiner mit seiner Körpersprache etwas. Auch untereinander kommunizieren Hunde in dieser Form.

Neben dem Einsatz ihres gesamten Körpers kommunizieren Hunde durch ihre Lautsprache, wie etwa Bellen, Knurren oder Heulen. Ein tiefes und kräftiges Knurren nutzen Hunde, um sich zu verteidigen oder als Zeichen, sich bedroht zu fühlen. Das Gleiche gilt für die Duftmarken, die Vierbeiner setzen, um untereinander zu kommunizieren. Rüden markieren ihr Umfeld, um ihr Revier abzustecken und ihre Anwesenheit zu zeigen. Hündinnen hingegen markieren, um andere Rüden über ihren Fortpflanzungsstatus zu informieren.

Schon vom Welpenalter an lernen Hunde, wie sie untereinander kommunizieren müssen. Eine gute Kommunikation kann schließlich nur dann erfolgen, wenn andere die Signale richtigen lesen und deuten können.

## SCHULZ VON THUN – SENDER UND EMPFÄNGER

Schulz von Thun (Schulz von Thun 2014) ist ein bekannter deutscher Psychologe und Kommunikationswissenschaftler. Er entwickelte das Vier-Seiten-Modell der Kommunikation, welches darauf hinweist, dass die Kommunikation auf vier Ebenen stattfindet.

1.Ebene:Die Sachebene
In dieser Ebene geht es um die konkrete Information, die der Sender übermitteln möchte.

2.Ebene: Die Selbstoffenbarung
In der zweiten Ebene gibt der Sender bestimmte Informationen an eine Person preis. Dies kann in Form von getroffenen Aussagen oder Handlungen stattfinden.

3.Ebene: Die Beziehungsebene
In dieser Ebene geht es um die Beziehung zwischen dem Sender und Empfänger. Diese Ebene bezieht sich auf die Art und Weise der Beziehung.

4.Ebene: Die Appellebene
In der Appellebene geht es um die Aufforderung, die der Sender gezielt an seinen Empfänger richtet. Der

Sender drückt in dieser Ebene aus, was er von seinem Gegenüber erwartet oder möchte.

In seinem Kommunikationsmodell betont Schulz von Thun, dass die vier Ebenen häufig miteinander verknüpft sind. Es kann auch zu Missverständnissen in der Kommunikation kommen. Besonders dann, wenn Sender und Empfänger auf unterschiedlichen Ebenen kommunizieren. Laut Schulz von Thun kann eine erfolgreiche Kommunikation nur dann stattfinden, wenn auf allen vier Ebenen geachtet wird.

Das Vier-Seiten-Modell von Schulz von Thun (Schulz von Thun 2014) kann sogar auf die Kommunikation zwischen Mensch und Hund angewendet werden. Alle vier Ebenen spielen in der Hundekommunikation ebenfalls eine relevante und wichtige Rolle.

Um zu verdeutlichen, wie die Kommunikation zwischen Mensch und Hund auf den einzelnen Ebenen des Kommunikationsmodells funktioniert, möchten wir näher auf die Aussagen der Ebenen eingehen und Beispiele einfügen.

**Die Sachebene**

In der Sachebene geht es, wie erwähnt, um die konkrete Information, die der Sender, in dem Fall der Mensch seinem Hund vermitteln möchte. Ein Beispiel dafür ist das Kommando „Platz". Der Mensch vermittelt seinem Vierbeiner eine konkrete Information („Platz"), in dem er ein Kommando ausspricht. Andersherum kann auch der Hund selbst eine konkrete Information übermitteln. Ein gutes Beispiel dafür ist, dass der Hund seinem Menschen vermittelt, dass er Wasser oder Futter möchte. Dies kann er mit seiner Laut- oder Körpersprache äußern.

Die Sachebene tritt in der Hundekommunikation nicht allein auf. Daher steht sie nicht als eigene Ebene der Kommunikation. Bei dem ersten Beispiel mit dem Grundkommando spielt die Beziehungsebene ebenfalls eine wichtige Rolle. Diese beschreibt, wie der Hund auf das Platz-Kommando reagiert. Hat der Vierbeiner etwa schlechte Erfahrungen gemacht oder versteht das konkrete Signal nicht, führt er das Kommando nicht aus.

Anhand der Hundekommunikation ist schon deutlich zu erkennen, dass nicht allein die Sachebene entscheidend ist, sondern alle weiteren Ebenen, die zu einer harmonischen und gesunden Beziehung mit dem Hund verhelfen.

**Die Selbstoffenbarung**

In der Selbstoffenbarungsebene geht es um die Gefühle und die Persönlichkeit des Senders. Diese Ebene kann in der Hundekommunikation zeigen, wie sich der Mensch oder der Hund in bestimmten Situationen fühlt.

Ein gutes Beispiel dafür ist, dass Hunde gegenüber eines Menschen Ängste und Sorgen ausdrücken. Ist der Halter beispielsweise nervös, zeigt der Hund oftmals ein unruhiges Verhalten und läuft um andere Hunde herum. Die Nervosität überträgt sich mit auf den Vierbeiner.

Aufgrund der Gefühlslage des Menschen, seiner Körpersprache und seines Tonfalls, macht der Hund sich kommunikativ bemerkbar, in dem er um die anderen Hunde herumläuft und signalisiert, dass etwas mit seinem Menschen nicht stimmt.

Diese körpersprachlichen Verhaltensweisen treten in der Selbstoffenbarungsebene oftmals unbewusst auf und sind vom Sender selbst nicht beabsichtigt. Der Mensch kann seine Angst und Nervosität nicht unterdrücken und bemerkt nur selten, dass sich seine Gefühle negativ auf das Verhalten des eigenen Hundes auswirken können.

**Die Beziehungsebene**

Wie der Name schon aussagt, geht es in dieser Ebene, um die Beziehung zwischen Sender und Empfänger. Genauer genommen bezieht sie sich auf die Art und Weise, wie Sender und Empfänger kommunizieren.

In der Hundekommunikation lässt sich diese Ebene einfach erklären. Hunde haben eine besonders feine Wahrnehmung dafür, wie sie Menschen behandeln und welche Wünsche sie haben. Hunde können spüren, ob ein Mensch ängstlich ist, sich schlecht verhält oder Unsicherheit zeigt. Genau diese Punkte sind es, die die Beziehungsebene beeinflussen können.

Es ist schließlich die Beziehungsebene, die zur Bindung zwischen Mensch und Hund beiträgt. Verhält sich der Mensch gegenüber dem Hund respektvoll, liebevoll und vertrauensvoll, gibt der Vierbeiner dieses Vertrauen auch zurück. Dabei geht es jedoch nicht um nette und liebe Worte oder die Gabe von Leckerchen und Futter. Im Gegenteil, denn in der Hundekommunikation spielen vielmehr die sogenannten nonverbalen Signale eine Rolle.

Abbildung 3: Mensch-Hund-Beziehung ist für beide Seiten besonders wichtig

Damit ist die Körperhaltung, der Augenkontakt und der Tonfall gemeint. Zeigt der Mensch seinem Hund durch Körpersprache, dass er ihm vertrauen kann, stärkt genau das die Beziehungsebene und hilft bei einer erfolgreichen Kommunikation zwischen beiden.

Für uns Hundehalter ist es wichtig, auf die Beziehungsebene zu achten und Wert zu legen. Mithilfe dieser ist es uns möglich, eine deutlich bessere Bindung zu unseren Vierbeinern aufzubauen, das Vertrauen zu stärken und die Beziehung zu verbessern.

**Die Appellebene**

Die Appellebene beschreibt, was der Sender von seinem Empfänger wünscht, beziehungsweise, was er von ihm erwartet. Auch diese Ebene lässt sich sehr gut auf die Hundekommunikation beziehen. Schließlich kann die Appellebene dazu beitragen, dass der Vierbeiner bestimmte Handlungen ausführt oder aber auch unerwünschte Verhaltensweisen ändert.

Ein gutes Beispiel dafür ist das Kommando „Sitz". Der Mensch erwartet von seinem Hund, dass er sich bei diesem Kommando hinsetzt. Der Hund führt dieses Kommando wiederum aus. In dem Fall erwartet der Sender von seinem Vierbeiner, dass er das gewünschte Kommando ausführt und sich entsprechend verhält. Wichtig in der Hundekommunikation ist, dass die Appellebene nicht als alleinige steht. Sie steht in Verbindung mit der Beziehungsebene und der Sachebene. Bestehen eine gute Bindung und Beziehung zwischen Mensch und Hund und kann der Mensch seinem Hund klar vermitteln, was er sich vorstellt und wünscht, führt der Hund genau das korrekt durch und hört auf seinen Menschen.

Alle Ebenen zusammen bilden das große Ganze in der Hundekommunikation. Für Hundebesitzer selbst ist es wichtig, die Appelle klar und deutlich zu kommunizieren und gleichzeitig auf eine gute Beziehungsebene zu achten. Dadurch ist eine erfolgreiche Kommunikation mit dem Hund möglich. Oftmals wird nicht einmal bemerkt, dass in dieser Form kommuniziert wird. Durch die Anwendung des Vier-Seiten-Modells in der Hundekommunikation wird nicht nur ein besseres Verständnis übermittelt. Vielmehr kann die Anwendung dazu beitragen, dass Mensch und Hund kommunizieren können, ohne dass Missverständnisse entstehen.

Abbildung 4: Verdeutlichung der Appellebene

## DIE GEMEINSAMKEITEN ZWISCHEN MENSCH UND HUND

In der Kommunikation gibt es einige Gemeinsamkeiten zwischen Mensch und Hund, die auf den ersten Blick nicht immer sichtbar sind. Schon seit vielen Jahren arbeiten Mensch und Hund zusammen. Eine solche Zusammenarbeit würde nicht funktionieren, wenn die Kommunikation nicht stimmt. Eine bemerkenswerte Gemeinsamkeit ist die nonverbale Kommunikation. Wir Menschen kommunizieren durch unsere Körpersprache, unsere Haltung und unsere Mimik und Gestik. Hunde sind wahre Meister darin, genau das zu lesen und ihre eigenen Schlüsse daraus zu ziehen. Das Gleiche gilt übrigens auch für unsere Tonlage. Hunde können unterscheiden, ob wir wütend, traurig oder fröhlich sind. Hunde kommunizieren genauso. Ein tiefes und wütendes Bellen lässt sich genauso gut erkennen wie ein Bellen vor Freude. Hunde kommunizieren ebenfalls mit ihren Lautäußerungen und können uns Menschen dadurch ihre Wünsche, Befindlichkeiten und Gefühle übermitteln.

Welche Lautäußerungen das sein können und was Hunde uns damit sagen möchten, erfahren Sie in einem späteren Kapitel.

Neben diesen beiden Gemeinsamkeiten ist außerdem der Augenkontakt zu erwähnen. Dieser ist in der Kommunikation zwischen Mensch und Hund sehr wichtig. Je nach Blickrichtung und Augenkontakt kann der Mensch dem Hund oder umgekehrt Aufmerksamkeit, Unterwerfung oder Dominanz übermitteln. Auch untereinander kommunizieren Hunde mit ihren Augen.

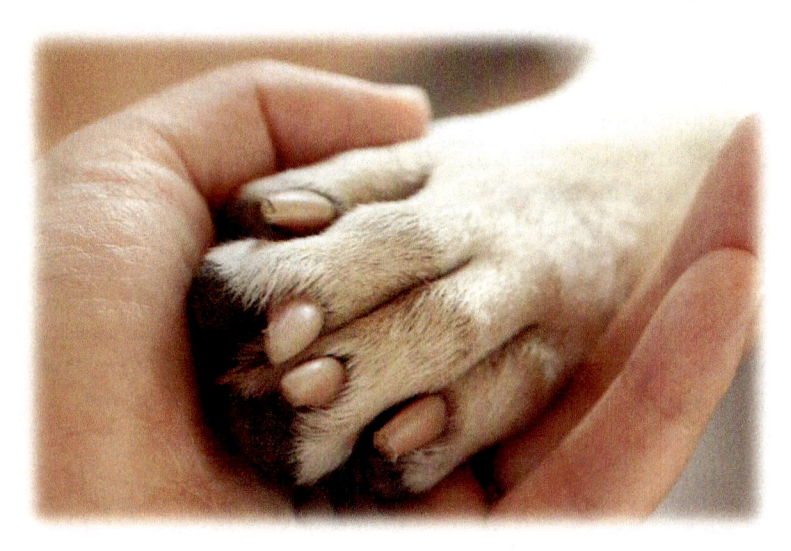

Abbildung 5: Eine gute Kommunikation zwischen Mensch und Hund verbessert die Bindung

Zudem möchten wir auf den Punkt „gegenseitige Anpassung" eingehen. Ein wichtiger Aspekt, auf den wir Menschen nur selten achten. Hundehalter bemerken jedoch mit den Jahren, dass sie sich in der Kommunikation anpassen. Aufmerksame Hundebesitzer wissen einfach, wie die Stimmung ihres Vierbeiners ist, was er möchte oder ob er Schmerzen hat. Durch Beobachtungen und bestimmte Reaktionen seitens des Hundes, ist gut zu erkennen, wie er sich fühlt. Was wir damit sagen wollen, ist, dass sich der Mensch dem Hund mit der Zeit in der Kommunikation anpasst und lernt ihn zu lesen. Umgekehrt ist es genauso. Auch unsere Hunde wissen mit der Zeit, wie sie uns bestimmte Dinge zeigen wollen. Ob dies durch ihre reine Körpersprache geschieht, oder durch Lautäußerungen, ist bei jedem Hund individuell.

Menschen und Hunde sind in der Lage, Empathie zu zeigen. Eine Gemeinsamkeit in der Kommunikation, die für eine emotionale und gute Bindung wichtig ist. Hunde sind sehr gut in der Lage zu wissen, wie es ihrem Halter geht oder ob etwas nicht stimmt. Je tiefer diese Ebene ist, je größer ist die Verbindung zwischen Mensch und Hund. Es gibt Hundehalter, die von ihrem Seelenhund sprechen, der sozusagen der eigene Zwilling ist und mit dem der Alltag aufgrund einer guten Kommunikation viel leichter ist. Das sind genau die Hundehalter, die sehr viel Empathie mitbringen und ihren Vierbeiner kennen und auf einer Ebene kommunizieren, wo blindes Vertrauen herrscht. Es ist gut zu erkennen, dass die Kommunikation zwischen Mensch und Hund besonders gut funktioniert, wenn auch die Bindung stimmt. Das bedeutet jedoch nicht, dass wir Hunde, mit denen wir keine Bindung aufgebaut haben, nicht lesen können. Die Gemeinsamkeiten in der Kommunikation bleiben bestehen. Für einen selbst ist es oftmals schwieriger, fremde Hunde lesen und deuten zu können. Es gibt jedoch viele körpersprachliche Signale, die eine eindeutige Botschaft übermitteln sollen.

## WOLF UND HUND IM VERGLEICH

Hund und Wolf gehören beide der gleichen Gattung an, die sich Canis nennt. Hund (lat. Canis lupus familiaris) und Wolf (lat. Canis lupus) teilen eine lange, revolutionäre Geschichte miteinander (Angeles 2015). Aus rein genetischer Sicht sind Wolf und Hund sehr eng miteinander verwandt, was sich besonders im Aussehen zeigt. Mit den Jahren haben sich zwischen wild lebenden Wölfen und domestizierten Hunden jedoch zahlreiche Unterschiede entwickelt, die nicht nur im Aussehen, sondern auch in den Charaktereigenschaften erkennbar sind.

In diesem Kapitel möchten Hund und Wolf gegenüberstellen und erklären, welche Unterschiede sich mit den Jahren entwickelt haben und welche Gemeinsamkeiten weiterhin bestehen. Wir gehen darauf ein, wie Wölfe kommunizieren und welche Gemeinsamkeiten es mit unseren heutigen, domestizierten Hunden gibt.

Im ersten Punkt unseres Vergleiches möchten wir das Sozialverhalten von Hund und Wolf gegenüberstellen. Wölfe leben in der freien Wildbahn in großen Rudeln, in dem Dominanz, Rangordnung und Hierarchie eine relevante Rolle spielen.

Abbildung 6: Nahaufnahme Canis lupus

Der domestizierte Hund hingegen lebt heute bei seinen Menschen (Reichholf 2020). Dort spielt die Rangordnung oder Dominanz keine Rolle. Hunde sind mittlerweile soziale Wesen, die sich anpassen und gerne bei ihren Menschen leben. Natürlich herrscht auch dort ein gewisses Sozialverhalten. Dieses ist mit dem Leben in einem Wolfsrudel jedoch nicht vergleichbar.

Der Punkt Ernährung gehört ebenfalls auf unsere Agenda, da ein Vergleich dahin gehend die Unterschiede zwischen Wolf und Hund verdeutlicht. Wölfe sind reine Fleischfresser, die sich in freier Wildbahn auf die Suche nach Nahrung machen und sich von Beutetieren ernähren. Hunde hingegen sind nicht nur reine Fleischfresser (Carnivore), sondern können sich von vielen Lebensmitteln ernähren, zu denen auch Obst und

Gemüse gehören. Das bedeutet, dass sie nicht nur reine Carnivore sind, wie es bei Wölfen der Fall ist.

**Abbildung 7: Wolfsrudel in freier Wildbahn**

Anhand der Bilder in diesem Kapitel ist gut zu erkennen, dass Wölfe in der Regel einen deutlich schlankeren Körperbau haben als Hunde. Auf den ersten Blick ist die enge Verwandtschaft jedoch deutlich zu erkennen.

Hunde wurden mit den Jahren gezüchtet, um die Körperform, den Charakter und das Aussehen im Allgemeinen zu verändern. Es wurden verschiedene Rassen gezüchtet, die ihre ganz eigenen Eigenschaften mitbringen. Wölfe wurden nicht gezüchtet. In ihrer Variabilität in Bezug auf ihr Aussehen, ihren eigenständigen Charakter und ihre Größe sind sie daher begrenzt.

Ein weiterer wichtiger Punkt im Wolf-Hund-Vergleich ist das Verhalten. Wölfe sind wahre Jäger und bringen ein instinktives Jagdverhalten mit (Angeles 2015). Dieses brauchen sie auch, um tägliche Nahrung zu suchen. Gegenüber Menschen sind Wölfe scheu. Zwar gibt es auch Hunde, die einen ausgeprägten Jagdinstinkt mitbringen, jedoch haben sie mit der Zeit gelernt, unter Menschen zu leben und die Befehle und Signale, dieser zu befolgen. Hunde müssen nicht jagen gehen, um zu überleben und fressen zu können. Sie wissen, dass sie die Nahrung nicht suchen müssen, sondern von ihren Menschen bekommen.

Zwar ist der Hund mit dem Wolf eng verwandt, jedoch gibt es viele Unterschiede, die sich besonders im Verhalten, im Aussehen, der Ernährung und der Zuchtgeschichte zeigen. Es sind aber auch genau die Unterschiede, die dazu beitragen, dass der domestizierte Hund heute unter uns Menschen leben kann. Wölfe werden immer Wildtiere bleiben.

## Vergleichstabelle: Wolf und Hund im Kurzüberblick

|  | Wolf (Canis lupus) | Hund (Canis lupus familiaris) |
|---|---|---|
| **Lebenserwartung** | 7 bis 12 Jahre | 4 bis 16 Jahre |
| **Kopf-Rumpf-Größe** | 1 bis 1,5 m | 0,4 bis 1,5 m |
| **Widerristhöhe** | 50 bis 80 cm | 15 bis 100 m |
| **Gewicht** | 30 bis 60 kg | 1 bis 70 kg |
| **Geschlechtsreife** | Im Alter von 2 bi 3 Jahren | etwa ab dem 12. Lebensmonat |
| **Paarungszeit** | Januar/Februar | ganzjährig |
| **Charakter** | vorsichtig, scheu, ängstlich | aufmerksam, zutraulich, ruhig |
| **Jagd Art** | Hetzjäger | Hetzjäger |
| **Population (Deutschland)** | schätzungsweise 150 Wölfe | schätzungsweise 7 Millionen Hunde |

## WIE KOMMUNIZIEREN WÖLFE

Die Kommunikation unter Wölfen (Zimen 2003) dient dazu, das soziale Verhalten zu koordinieren, die Rangordnung zu etablieren und um untereinander kommunizieren zu können. Auch Wölfe benutzen verschieden Methoden in der Kommunikation, die wir gerne aufzeigen. Teilweise überschneiden sich diese mit den Methoden eines domestizierten Hundes, teilweise differieren sie.

Wölfe kommunizieren in erster Linie mithilfe ihrer Körpersprache. Die Bewegungen und die Körperhaltung werden benutzt, um die persönliche Stimmung oder Absicht gegenüber anderen Wölfen zum Ausdruck zu bringen.

Auf dem unteren Bild der beiden Wölfe ist die Kommunikation mithilfe der Körperhaltung und Körpersprache gut zu erkennen. Der hintere Wolf zeigt seine Zähne und angespannte Körperhaltung. Diese Körperhaltung zeigt ein Drohverhalten. Er möchte dem anderen Wolf verständlich machen, dass er das Verhalten oder die Situation nicht duldet. Der andere Wolf hingegen neigt seinen Kopf ein wenig zur Seite.

Damit drückt er aus, dass er keinen Ärger möchte und zieht sich zurück.

Er zeigt eine deutliche Beschwichtigungsgeste.
Gut erkennbare Körpersprache, die in der Form auch auf die Körpersprache des Hundes zutrifft.

**Abbildung 8: Eindeutig erkennbare Körpersprache zwischen zwei Wölfen**

Für ihre ausgeprägte Körpersprache benutzen Wölfe ihren Schwanz, ihre Mimik, ihre Ohren, ihr Fell und die Körperhaltung. Die Haltung sowie die Bewegung eines jeden Körperteils hat bei Wölfen eine bestimmte Bedeutung. Sie drücken ihre Gefühle aus, zeigen dem anderen unterwünschtes Verhalten und weisen auf ihren persönlichen Gemütszustand hin. Nur so kann die soziale Hierarchie und die Rangordnung in einem Wolfsrudel bestehen.

Neben ihrer Körpersprache kommunizieren Wölfe, wie Hunde auch durch Geräusche (Angeles 2015). Typisch für einen Wolf und ein Geräusch, dass jeder kennt, ist das Heulen. Wölfe heulen, um ihr Territorium zu markieren. Aber auch, um mit einem anderen Rudel Kontakt aufzunehmen. Neben dem typischen Heulgeräusch können Wölfe aber auch bellen, winseln oder knurren. Durch ihre Lautäußerungen kommunizieren sie nicht nur untereinander, sondern drücken ihre Stimmung aus.

Abbildung 9: Wolf heult

Duftmarkierungen gehören ebenfalls zu den Kommunikationsmitteln der Wölfe. Sie markieren dadurch ihr Territorium und teilen sich anderen Wölfen mit. Durch das Urinieren und Hinterlassen von Kot markieren sie die Grenzen ihres Territoriums. Wölfe hinterlassen aber auch ihren Duft, in dem sie sich an Bäumen oder Felsen reiben.

Zusätzlich nutzen Wölfe den Augenkontakt für ihre Kommunikation. Stehen sich etwa zwei Wölfe gegenüber und starren sich an, halten also direkten Blickkontakt, kann dies als Drohung oder Herausforderung gedeutet werden. Ein seitlicher Blick (siehe Abbildung 9) signalisiert hingegen Unterwürfigkeit oder Respekt.

Wölfe sind sehr kommunikative Tiere, die auf verschiedene Art und Weise miteinander kommunizieren. Viele Ähnlichkeiten sind bei dem heutigen, domestizierten Hund erkennbar.

In der Kommunikation der Wölfe gibt es viele Besonderheiten, die von anderen Tieren, wie etwa Hunden unterscheidet. Allein die Komplexität der Kommunikation ist mit anderen Tieren nicht vergleichbar. Wölfe haben eine Vielzahl von Signalen, die sie senden können, um zu kommunizieren. Diese Signale können visuell, akustisch und olfaktorisch (per Geruch) sein. Natürlich kommunizieren auch Hunde in dieser Form. Die Vielfalt dieser Signale ist bei Wölfen jedoch um vieles größer.

Ähnlich wie bei Hunden ist es möglich, die Körpersprache der Wölfe zu lernen. Durch genaues Beobachten verstehen auch wir Menschen, was der Wolf ausdrücken möchte. Ein gutes Beispiel dafür ist die Unterwürfigkeit. Unterwirft sich ein Hund einem anderen, wirft er sich auf den Boden und ergibt sich. Der Fachbegriff dafür lautet passive Unterwerfung.

Probleme oder Komplikationen in der Kommunikation zwischen Wölfen gibt es kaum. Dies liegt daran, dass es sich um eine Art handelt und nicht, wie bei Hunden, um verschiedene Rassen.

Das nachfolgende Foto eines Wolfes soll erneut verdeutlichen, dass Körperhaltung, Mimik, Ohren, Augen und Schwanz in der Kommunikation eingesetzt werden.

**Abbildung 10: Wolf bei der Jagd**

## WIE KOMMUNIZIERT DER DOMESTIZIERTE HUND?

Der heutige, domestizierte Hund wurde vor Tausenden von Jahren durch gezielte Züchtungen und das enge Zusammenleben mit dem Menschen verändert (Reichholf 2020). Heute werden Hunde als Haustiere gehalten und sind vollwertige Familienmitglieder. Mit den Jahren haben sich Hunde nicht nur in ihrem Aussehen, sondern auch in ihren Instinkten, Charaktereigenschaften und Verhaltensweisen verändert. Sie können deutlich besser mit Menschen zusammenleben und interagieren. Im Vergleich zu wild lebenden Hunden oder gar Wölfen haben unsere heutigen Haushunde viele Veränderungen durchlebt. Nicht nur die körperlichen Merkmale haben sich stark verändert, sondern auch ihre Verhaltensweisen und die Fähigkeit, mit dem Menschen zu kommunizieren, zu arbeiten und zusammenzuleben.

Im Laufe der Zeit haben Haushunde eine sehr enge Beziehung zu ihren Menschen aufgebaut. Sie haben gelernt, die Signale des Menschen zu deuten und zu lesen, können mit ihnen kommunizieren und leben.

In Hinblick auf die Kommunikation und Körpersprache eines Hundes sind eindeutige Ähnlichkeiten zum Wolf erkennbar. Doch auch Unterschiede sind klar zu erkennen, die auf den Einfluss des Menschen zurückzuführen sind.

Hunde nutzen verschiedene Methoden der Kommunikation, um nicht nur mit ihren Menschen zu kommunizieren, sondern auch mit anderen Artgenossen. In erster Linie arbeiten Hunde mit ihrer Körpersprache (Krüger 2008). Sie drücken mit dieser ihre Stimmung und ihre Absichten aus. Besonders in der Körpersprache eines Hundes gibt es viele Parallelen zum Wolf. Hunde können, wie Wölfe auch, mit dem Schwanz wedeln und dadurch Freude oder Aufregung signalisieren. Außerdem können sie ihren gesamten Körper senken und Unterwürfigkeit ausdrücken. Auch der leicht gesenkte Kopf, wie wir es auf der Abbildung im vorherigen Kapitel beschrieben haben, zeigt bei einem Hund Respekt und Unterwürfigkeit.

Abbildung 11:     Hund zeigt Unterwürfigkeitsgeste

Ohne ihre Körpersprache wäre es Hunden untereinander nicht möglich zu kommunizieren. Natürlich setzen sie noch weitere Methoden ein, jedoch ist die Körpersprache genau das, was Hunde brauchen, um sich auszudrücken. Umso wichtiger ist es für uns Menschen, die Körpersprache des Hundes zu verstehen und zu lesen zu können, was unsere Hunde wollen, was sie fühlen und was sie in bestimmten Situationen ausdrücken.

Zur Körpersprache gehören auch die Gesichtsausdrücke, die Hunde und auch Wölfe in ihrer Kommunikation einsetzen. Unsere Vierbeiner haben besonders ausdrucksstarke Gesichter, die sie dazu befähigen, nicht nur durch Blickkontakt zu kommunizieren, sondern auch durch ihre Mimik. Sie können ihre Zähne zeigen oder fletschen, um Aggression oder Bedrohung auszudrücken. Sie kneifen ihre Augen zusammen, um ihr Unwohlsein oder gar Schmerzen zu kommunizieren. Sie können aber auch ihre Ohren anlegen und mit der Rute wedeln, um ein friedliches und freundliches Verhalten an den Tag zu legen. Das Ohrenanlegen eines Hundes in Kombination mit einem Knurren kann ein Alarmsignal sein.

Es ist anhand dieser Beispiele deutlich zu erkennen, dass die Körpersprache von Hunden sehr vielfältig ist. Es ist wichtig immer das große Ganze zu betrachten und nicht nur auf einer der Kommunikationsmethoden zu achten. Alle körpersprachlichen Methoden agieren gemeinsam. Das bedeutet, dass nicht nur allein die Mimik eines Hundes eine Aussage zeigt, sondern die Mimik, zusammen mit der allgemeinen Körpersprache, den Lautäußerungen und dem Geruch.

Neben der Körpersprache und den Gesichtsausdrücken, der Mimik, gehören Lautäußerungen ebenfalls zu den Kommunikationsmethoden der heutigen Haushunde. Hunde bellen, jaulen, knurren und schreien. Und das nicht nur, um mit anderen Hunden kommunizieren zu können, sondern auch mit uns Menschen. Jault ein Hund, kann dies auf Frustration oder Traurigkeit hindeuten. Das Heulen eines Hundes, wie es auch der Wolf macht, kann Liebeskummer bedeuten. Dazu aber in den folgenden Kapiteln zu der Beschreibung der Lautäußerungen mehr.

Abbildung 12: Hund zeigt Drohverhalten durch Zähne zeigen

Abschließend in diesem Kapitel möchten wir auf den Geruch eingehen. Hunde setzen, wie Wölfe auch, Duftmarken ein, um zu kommunizieren und auf sich aufmerksam zu machen. Rüden kommunizieren in ihrer Körpersprache besonders deutlich. Sie setzen gezielt Urinmarkierungen ein, um das eigene Territorium zu markieren oder anderen Hunden auf sich aufmerksam zu machen.

Abbildung 13:   Hund markiert Baum mit seinem Urin

Hunde nutzen viele Kommunikationsmethoden, mit denen es ihnen leichter fällt, mit anderen Artgenossen und mit uns Menschen zu kommunizieren. Diese Form der Kommunikation unterscheidet sich gering zu denen der Wölfe. Haushunde kommunizieren jedoch deutlich vielseitiger als ein Wolf. Grund dafür ist das enge Zusammenleben mit dem Menschen. Dieses hat dazu geführt, dass domestizierte Hunde gezielt Signale setzen können, die wir Menschen verstehen und deuten können.

## KOMMUNIZIEREN HUNDE IN ALLEN PHASEN DES ERWACHSENWERDENS?

Kommen wir nun auf die offene Frage aus dem vorherigen Kapitel zurück. Doch ab wann genau beginnen Hunde klar und deutlich zu kommunizieren? Wann ist der Zeitpunkt, wo sie mit ihrer Körpersprache arbeiten? Und kommunizieren Hunde in allen Erwachsenenphasen?

Hunde kommunizieren in allen Phasen, auch in der Welpenphase. Die Art und Weise, wie der Hund kommuniziert, hängt jedoch von der Rasse, dem Alter, dem Gesundheitszustand und vor allem von seinen persönlichen Erfahrungen ab. Grundsätzlich sind Hunde soziale Tiere. Kommunikation ist ein wichtiger Bestandteil in ihrem Leben.

Gerade in der frühen Erwachsenenphase, in der viele Hunde noch sehr energiegeladen und neugierig ist, kann es zu einer verstärkten Kommunikation und Interaktion kommen. Nicht nur zwischen Hunden selbst, sondern auch gegenüber dem Menschen.

In der mittleren Phase werden die Hunde ruhiger und sind geistig und körperlich erwachsen. Sie kommunizieren immer noch aktiv mit Mensch und Hund, jedoch deutlich ruhiger. Dies hält bis zur späten Entwicklungsphase des Hundes an.

Abbildung 14: Hund in später Erwachsenenphase

## Hunde lernen ihr Leben lang Kommunikation!

Hunde lernen ihr Leben lang. Aufgrund der Art und Weise, wie Hunde kommunizieren, handelt es sich um einen sehr komplexen Vorgang. Aufgrund dessen lernen Hunde ihr Leben lang, wie sie ihre Kommunikation verbessern.

Schließlich wird die Kommunikation durch verschieden äußere Faktoren beeinflusst. Dies kann das Alter des Hundes sein, die Sozialisierung selbst oder der Gesundheitszustand.

Daher sind die ersten Lebenswochen eines Hundewelpen besonders wichtig. In dieser Zeit lernen die Vierbeiner durch Interaktionen und Erfahrungen mit Hunden und Menschen. Die Kommunikationsfähigkeit nimmt zu dieser Zeit stetig weiter zu. Der Welpe lernt bspw. schon von seiner Mutter und seinen Geschwistern, seine Körpersprache einzusetzen, mit seiner Mimik zu arbeiten und Lautäußerungen zu tätigen, wenn er sich mitteilen möchte. Bildet er unerwünschte Verhaltensweisen, wie etwa ständiges Bellen, kann der Mensch das mithilfe von positiver Verstärkung und Lob abtrainieren.

Hunde sind sehr gelehrig und lernen schnell dazu. Besonders die Kommunikation ist ein lebenslanger Prozess bei Hunden. Sie passen sich uns Menschen an, was jedoch nicht bedeutet, dass wir die Körpersprache nicht lernen sollten.

## DIE ENTWICKLUNG DER KÖRPERSPRACHE VOM WELPEN ZUM ERWACHSENEN HUND

Die Körpersprache (Esser 2016) entwickelt sich im Laufe eines Hundelebens stetig weiter. Ab der Geburt und in den ersten Lebensmonaten nutzen Welpen die Körperhaltung und die Mimik. In dieser Zeit kommunizieren sie stark mit ihren Geschwistern und der Mutter und lernen von beiden. Welpen können unter anderem ihren Kopf senken und die Rute einsetzen. Sie lecken den Mund der Mutter oder ihrer Geschwister ab, um Unterwürfigkeit oder Freundschaft zu signalisieren. Sie können in diesem Alter bereits eine aufrechte Körperhaltung einnehmen und die Ohren aufstellen.

Erkundet ein Hundewelpe die Umgebung, lernt er nach und nach die Körpersprache von Hunden und Menschen kennen. Mithilfe dieser Entdeckungstouren und dem Lernprozess entwickeln sie immer mehr neue Ausdrucksformen und lernen, das gelernte umzusetzen. Das bedeutet, dass sie die Körpersprache für ihre Interaktionen öfter und gezielter einsetzen.

Je reifer und erwachsener ein Hund wird, umso öfter wird die Körpersprache eingesetzt, um die eigenen Bedürfnisse auszudrücken, Konflikte zu vermeiden oder soziale Bindungen aufzubauen. Ein fixierender dominanter Blick, eine aufrechte Körperhaltung und gestreckte Vorderbeine können bereits auf Dominanzverhalten oder Aggression hindeuten. Zurückgezogene Ohren und ein gesenkter Schwanz hingegen zeigen deutliche Unterwürfigkeit oder Angst.

Abbildung 15: deutliche Körpersprache; ängstlicher, unterwürfiger Hund

Mit dem zunehmenden Alter eines Hundes kann sich die Körpersprache deutlich verändern. Ein Grund dafür können bspw. Gesundheitsprobleme sein. Nicht selten sind Veränderungen in der Umgebung ein Grund für die veränderte Körpersprache. Hunde sind von Geburt an in der Lage, ihre Körpersprache einzusetzen, um zu kommunizieren. Bereits in den ersten Lebenswochen können sie genau das signalisieren. Mit der Zeit lernen sie feiner und differenzierter zu agieren und die

Körpersprache präziser einzusetzen, um ihre Emotionen und Bedürfnisse zum Ausdruck zu bringen.

## DIE LAUTSPRACHE DER HUNDE IN DER KOMMUNIKATION

In der Kommunikation von Hunden spielt die Lautsprache eine bedeutende Rolle (Schlegl-Kofler 2015). Diese hilft dem Vierbeiner dabei, sich mit anderen Artgenossen und Menschen in Verbindung zu setzen und die eigenen Gefühle, Emotionen und Befindlichkeiten auszudrücken. Oftmals ist es uns Menschen nicht möglich, die Lautsprache eines Hundes zu deuten und zu verstehen. Schließlich können sie bellen, heulen, winseln, knurren und viele weitere Lautäußerungen von sich geben. Je nachdem, in welcher Situation und in welcher Stimmung sich der Hund befindet, kann er unterschiedliche Laute einsetzen und eine bestimmte Botschaft übermitteln. Doch nicht nur das ist faszinierend an der Lautsprache der Hunde.

Faszinierend ist auch die unterschiedliche Art der Lautäußerungen. Ein Hund bellt nicht immer in der gleichen Tonlage und möchte nicht immer das Gleiche mit seinem Bellen kommunizieren. Das Bellen selbst kann für eine Warnung stehen, eine Aufforderung sein oder sogar Frust kommunizieren. Wir haben das Bellen als Beispiel genommen, da es mitunter die bekannteste Lautäußerung bei Hunden ist. Tonlage, Lautstärke und Kontext können sich auf individuelle Art und Weise verändern.

In diesem Kapitel gehen wir genauer auf die Lautäußerungen von Hunden ein, geben Erklärungen und Beispiele. Jeder Hund hat seine individuelle Laute, mit denen er kommuniziert. Wichtig ist, diese im Kontext mit der Körpersprache und Mimik zu stellen, um genau lesen zu können, was der Hund von uns möchte oder was er uns vermitteln will. Nicht immer ist es möglich, dass wir Menschen die Laute unseres Hundes sofort deuten können. Wichtig ist, sich mit der Körpersprache unserer Vierbeiner zu befassen, um auf seine individuellen Bedürfnisse einzugehen. Mit einer Menge Wissen, vielen Beobachtungen und zahlreichen Praxisbeispielen möchten wir auf die Lautäußerungen von Hunden eingehen und Ihnen helfen, die Körpersprache besser zu verstehen.

***INFO***: *Ab diesem Kapitel haben wir QR-Codes eingebaut, hinter denen Videos hinterlegt sind. Diese dienen als Erläuterung zu den jeweiligen körpersprachlichen Methoden. Mit diesen Videos möchten wir Hilfestellungen geben, die Körpersprache des Hundes besser zu verstehen und deuten zu können.*

# BELLEN

Bellen ist nicht nur die gängigste Lautäußerung bei Hunden, sondern auch ein wichtiger Bestandteil dieser. Das Bellen dient als Kommunikationsmittel in den unterschiedlichsten Situationen. Hunde übermitteln uns durch das Bellen bestimmte Informationen. Warnungen, Begrüßungen oder Angst können einer dieser Informationen sein. Als Hundehalter ist es wichtig zu beobachten, in welchen Momenten der Hund bellt und welche körpersprachlichen Merkmale er zeigt. Einigen Vierbeinern wird sogar trainiert, auf Kommando zu bellen und diese Lautäußerung gezielt zu kontrollieren.

Um zu verdeutlichen, aus welchen Gründen Hunde bellen können, möchten wir die wichtigsten Punkte einmal aufführen:

Bellen als Alarmruf: Hunde nehmen Geräusche und fremde Artgenossen deutlich sensibler wahr als wir Menschen. Kommt ein unbekannter Mensch oder ein Tier in das Territorium, etwa in die Nähe des Grundstückes oder in den Garten, warnt der Hund durch ein tiefes und kräftiges Bellen.

Die Informationen hinter seinem Bellen ist: „Achtung, dort befindet sich ein fremder Mensch." Durch sein Bellen setzt sich der Hund als Ziel, den

Eindringling (wie wir ihn aus Sicht des Hundes einmal nennen) zu vertreiben.

Wie sich das Bellen anhört und welche Körpersprache der Hund bei einem Bellen als Alarmruf und territorialem Verhalten einsetzt, zeigen wir in einem kurzen Video:

*Scannen Sie einfach den QR-Code mit Ihrem mobilen Endgerät und klicken sie auf den dort stehenden Link. Schon können Sie sich unsere Hundevideos zur Körpersprache anschauen.*

Bellen zur Begrüßung: Bellt der Hund etwa bei der Begrüßung eines Gastes, kann dies Freude oder Aufregung ausdrücken. Viele Hunde bellen, sobald sie ihre Besitzer oder andere Hunde sehen.

Bellen aus Frustration oder Langeweile: Langweilt sich der Hund und ist nicht ausgelastet, kommt es häufiger vor, dass er anfängt zu bellen. Ein Bellen kann auch auf Einsamkeit oder Unterforderung hinweisen. Hunde, die sich unwohl fühlen, bellen ebenfalls, um auf sich aufmerksam zu machen.

Bellen aus Angst und Stress: Es gibt Hunde, die Angst und Stress durch Bellen anzeigen. Bei einem Tierarztbesuch, in einer ungewohnten Umgebung, bei Gewitter oder anderen lauten Geräuschen ist es nicht selten, dass Hunde bellen. Durch dieses möchte der Hund auf seine momentane Situation und Befindlichkeit (Stress und Angst) aufmerksam machen.

Bellen aus Unsicherheit: Ängstliche und unsichere Hunde bellen in der Regel öfter als andere. Besonders in Situationen, in denen ihnen etwas nicht geheuer ist oder sie eine Gefahr sehen, kann starkes Bellen auftreten.

Bellen durch imitativen Einfluss: Hunde neigen dazu, mit anderen Vierbeinern mitzubellen. Fängt ein Vierbeiner in der Nachbarschaft an, ist der eigene Hund kaum zu halten. Es gibt einige Hunde, die dazu neigen, mit anderen Hunden mitzubellen, obwohl es aus Menschensicht keinen Grund dafür gibt.

Bellen durch imitativen Einfluss ist in diesem Video gut erkennbar. Gemeinsam als Rudel verteidigen die Hunde ihr Revier in dem eingezäunten Gelände. Es ist gut zu sehen, dass erst ein Hund anfängt zu Bellen, dann losrennt und alle anderem ihm bellend und rennend folgen.

Bellen als Spielaufforderung: Das Bellen kann außerdem als Spielaufforderung gegenüber eines Menschen oder eines anderen Hundes erfolgen. Auch während des Spiels, etwa beim Ballspielen kann der Hund bellen, um den Menschen aufzufordern, den Ball nochmals zu werfen.

Übermäßiges Bellen ist keineswegs normal und kann ein grundlegendes Problem darstellen. Fehlende Stimulation, Angst und Stress sind mit einer der Gründe, warum Hunde übermäßig viel bellen. Sollte dies bei Ihrem Hund der Fall sein, versuchen Sie zuerst der Ursache auf den Grund zu gehen und den Auslöser zu finden, warum ihr Vierbeiner viel bellt. Sollten Sie allein nicht weiterkommen, ist der Rat eines Hundetrainers oder eines Tierarztes sinnvoll. Dadurch können sie das Verhalten ihres Vierbeiners verbessern.

*Wichtig: Es gibt Hunderassen, die deutlich mehr bellen als andere. Das Bellen ist schließlich ein Kommunikationsmittel, mit denen der Vierbeiner sich unterhält und anderen Hunden und Menschen mitteilt. Sollte es jedoch zu einem übermäßigen Bellen kommen, wo erkennbar ist, dass dem Hund gesundheitlich oder psychisch etwas fehlt, ist es wichtig, sich Hilfe zu holen.*

In diesem Video ist das Bellen als Lautäußerung zur Spielaufforderung zu sehen. Der Hund macht durch das Bellen auf sich aufmerksam und signalisiert dem anderen, dass er spielen möchte. Der zweite Hund rennt los und tobt mit ihm.

**Abbildung 16:** Hund bellt hinter einem hohen Zaun

Auf diesem Bild ist die Körpersprache des Hundes gut zu erkennen. Er bellt hinter einem Zaun im Tierheim. Durch sein Bellen versucht er auf sich aufmerksam zu machen. Er bellt nicht aus Angst oder aufgrund territorialem Verhalten. Der Hund möchte durch sein Bellen die Aufmerksamkeit der Tierheimbesucher auf sich ziehen.

# KNURREN

Das Knurren gehört ebenfalls zu den wichtigsten Formen der Lautsprache bei Hunden, dass ebenfalls verschiedene Bedeutungen haben kann. Hunde knurren, um eine Bedrohung auszudrücken, aber auch, wenn sie beispielsweise Angst haben. Das Knurren eines Hundes sollte immer als Warnung gesehen werden. In vielen Fällen lässt sich sogar ein aggressives Verhalten erkennen. Knurrt der Hund, sollte nicht nur der Artgenosse, sondern auch der Mensch erkennen können, dass er nicht in die Nähe des Hundes gehen sollte.

Häufig zu sehen ist das Knurren bei der Ressourcenverteidigung. Durch das Knurren möchten Hunde ihren Besitz verteidigen und das Gegenüber darauf aufmerksam machen, dass es seins ist. Das kann bei Futter, dem eigenen Schlafplatz oder sogar einem Spielzeug der Fall sein.

Um jedoch herauszufinden, warum der Hund knurrt, ist die Beobachtung der Körpersprache wichtig. Fühlt sich der Hund bedroht oder in die Ecke gedrängt? Will sich der Hund verteidigen? Besonders unter Hunden selbst ist das Knurren ein klares körpersprachliches Signal. Damit setzen sie anderen Hunden nicht nur Grenzen, sondern klären auch ihre Rangordnung. Knurren kann aber auch bei Schmerzen oder Krankheiten als Kommunikationsmittel stehen.

Fakt ist, das Knurren eines Hundes immer ernst zu nehmen und entsprechend darauf zu reagieren. Nur so lassen sich Konflikte und gefährliche Situationen zwischen Hunden und auch Mensch und Hund vermeiden.

In welchen Situationen Hunde knurren und welche Beweggründe häufig dahinterstecken, haben wir einmal zusammengefasst:

<u>Knurren als Warnung</u>: Ein tiefes, drohendes Knurren wird vom Hund als Warnung eingesetzt, wenn etwa eine Bedrohung sichtbar ist oder eine bestimmte Situation dies erfordert. Hunde knurren warnend, um zu zeigen, dass sie sich mit der Situation nicht wohlfühlen und weisen darauf hin, dass sie sich, wenn nötig verteidigen werden.

<u>Knurren aus Angst oder Unsicherheit</u>: Unsichere und ängstliche Hunde benutzen das Knurren als Lautsprache, um diese beiden Gefühle zu unterdrücken. Das Knurren kann in diesen Situationen auftreten, wenn sich der Hund gestresst oder bedroht fühlt.

<u>Knurren zur Verteidigung von Ressourcen</u>: Verteidigt ein Hund seine Ressource, wie bspw. sein Futter, sein Spielzeug oder seinen Rückzugsort, signalisiert er seinem Gegenüber dies mit einem Knurren.

In diesem Video ist die Ressourcenverteidigung (in diesem Fall ein Mauseloch) zu erkennen. Der Mischlingsrüde signalisiert dem Welpen zwar nicht mit einem Knurren, jedoch mit einem deutlichen Bellen und Wegbeißen, dass dies sein Mauseloch ist und es ihm gehört. Die Körpersprache zeigt keinerlei Aggression, sondern dient als Verteidigung der eigenen Ressource.

Aggressives Knurren: Ein aggressives Knurren bei Hunden ist oftmals lauter und intensiver in der Tonlage. Fühlt sich ein Hund von einem anderen Artgenossen herausgefordert oder sogar bedroht, kann dieses Knurren auftreten. Durch das aggressive Knurren übermittelt der Hund, dass er in hoher Bereitschaft ist, sich zu verteidigen.

Knurren aus Schmerz: Knurren muss nicht immer ein Zeichen von Verteidigung, Warnung oder Drohung sein. Vierbeiner, die unter starken Schmerzen leiden oder sich unwohl fühlen, zeigen dies durch Knurren. Dadurch wollen sie auf ihre körperlichen Beschwerden und Schmerzen aufmerksam machen.

<u>Knurren im Spiel</u>: Viele Hunde zeigen ein leichtes und freundliches Knurren im Spiel, während sie mit anderen Vierbeinern, Artgenossen oder Menschen agieren. Es gibt Hunde, die sich regelrecht in ihre Spielphase hineinsteigern und laut knurren, ohne dass dies ein Warn- oder Drohzeichen darstellt.

<u>Knurren aus Aufregung</u>: Aufregung und Freude können Hunde ebenfalls mit einem freundlichen Knurren signalisieren. Ein solches Knurren tritt in der Regel in Situationen auf, in denen der Hund besonders begeistert ist. Aber auch vor einem Spaziergang oder im Spiel.

Hunde knurren nicht nur, um eine Warnung oder Drohung abzugeben. Es gibt verschiedene Gründe, warum Hunde die Lautäußerung Knurren einsetzen. Wichtig ist, wie in anderen Situationen auch, auf die gesamte Körpersprache des Hundes zu achten. Je besser diese zu lesen ist, umso leichter lässt sich das Knurren als solches deuten.

# FIEPEN

Um ihre Bedürfnisse und Emotionen zum Ausdruck zu bringen, fiepen viele Hunde. Das Fiepen gehört daher zur Lautsprache der Vierbeiner und ist anhand eines besonders hohen, quietschenden Tons zu erkennen. Besonders junge Hunde benutzen diese Lautsprache häufiger, um Angst, Frustration oder Aufmerksamkeitsverlangen zu verdeutlichen. Das Fiepen kann aber auch ein Ausdruck von Freude oder gar Aufregung sein.

Viele Hunde fiepen, wenn Frauchen und Herrchen eine Weile aus dem Haus waren. Dieses Fiepen zeigt keine Angst oder Unsicherheit, sondern vielmehr Freude und Aufregung.

Neben diesen Gründen kann Langeweile oder Frustration dazu führen, dass der Hund fiept. Wird der Hund bspw. nicht ausreichend beschäftigt, kann das Fiepen darauf zurückführen. Rüden fiepen, wenn sich eine läufige Hündin in der Nachbarschaft befindet. Ein weiterer Grund für das Fiepen können auch die eigenen Bedürfnisse, wie etwa das Entleeren der Blase oder der Wunsch nach Wasser sein.

Genauso wie bei anderen Lautäußerungen des Hundes ist es wichtig, das Fiepen zu beobachten und auf die entsprechende Situation zu achten. Auch diese

Lautäußerung tritt mit körpersprachlichen Merkmalen auf.

Gute Beispiele dafür sind die folgenden: Rennt der Hund aufgeregt durch die Wohnung hin und her und fiept dabei? Dies ist ein Zeichen dafür, dass er sich entleeren muss.

Der Hund rennt mit anderen Hunden auf einer Wiese herum. Plötzlich kommt er fiepend auf sein Frauchen oder Herrchen zu und hebt die Pfote. In dem Fall deutet das Fiepen auf Schmerzen hin.

Fiept der Hund, wenn Herrchen oder Frauchen das Haus verlässt? Oder fiept er generell, wenn er allein ist? Das Fiepen kann ein Zeichen für die Trennungsangst und das Alleinsein kommunizieren.

Beobachten Sie Ihren Hund genau, um herauszufinden, warum er fiept und was er mit dem Fiepen sagen möchte. Durch diese Lautäußerung möchte ihr Hund auf etwas aufmerksam machen. Ob dies nur reine Aufmerksamkeit ist, Schmerzen, Ängste oder physische Bedürfnisse.

Das Fiepen tritt bei Hunden in den unterschiedlichsten Bereichen auf, die wir ebenfalls zusammengefasst haben:

Fiepen aus Freude: Ein freudiges Fiepen tritt meistens bei einer besonders großen Vorfreude, bei Begeisterung oder bei Aufregung auf. Viele Hunde fiepen laut, bevor es zur nächsten Gassirunde geht oder wenn es eine tolle Belohnung gibt.

Fiepen als Begrüßung: Das klassische Begrüßungsfiepen ist bei vielen Hunden deutlich erkennbar. Dieses Fiepen klingt freundlich und steckt voller Erwartungen an den Halter.

Fiepen als Bedürfniskommunikation: Dieses Fiepen lässt sich häufig bei Hundewelpen beobachten. Mit seinem Fiepen möchte der Hund auf sein Grundbedürfnis aufmerksam machen. Etwa, wenn er Hunger oder Durst hat oder sich lösen muss.

Fiepen aus Angst und Unsicherheit: Unsichere und ängstliche Hunde kommunizieren häufig mit Lautäußerungen. Neben dem bereits erläuterten Knurren, tritt das Fiepen häufig auf. In stressigen und für den Hund beängstigenden Situationen fiepen sie, um ihre Gefühle zu kommunizieren.

Fiepen bei Trennungsangst: Gehen die Hundehalter aus dem Haus oder verlässt die Bezugsperson seinen Hund, kann der Vierbeiner seine Trennungsangst mit einem Fiepen verdeutlichen. Mit diesem vermittelt er seine Frustration und Unbehaglichkeit und möchte zeigen, dass die Trennung ihm nicht gefällt.

Fiepen aus Einsamkeit: Hunde, die sich einsam und allein fühlen, fiepen häufig. Sie drücken ihre Unzufriedenheit aus und zeigen damit deutlich, dass sie Gesellschaft benötigen.

Fiepen für Aufmerksamkeit: Sucht der Hund Aufmerksamkeit und möchte vermitteln, dass er gerne interagieren möchte, kommuniziert er auch das mit einem

Fiepen. Er möchte seinem Besitzer verdeutlichen, dass er nun seine volle Aufmerksamkeit wünscht. Oftmals fiept der Hund, wenn er spielen möchte, Streicheleinheiten sucht oder einfach nicht allein in einem Raum sein möchte.

<u>Fiepen bei Schmerzen oder Unwohlsein</u>: Das Fiepen tritt als Lautäußerung auch dann ein, wenn der Hund Schmerzen hat oder sich unwohl fühlt. Gerade dann ist es wichtig herauszufinden, wo der Hund Schmerzen hat oder was sein Unwohlsein ausmacht.

<u>Fiepen als reines Kommunikationsmittel</u>: Im Spiel oder bei einer Interaktion mit anderen Hunden, fiepen Vierbeiner gerne, um auf sich aufmerksam zu machen. Oftmals tritt diese Lautäußerung auf, wenn das Spiel zu ruppig oder feste ist. Der Hund fiept auf, um dem anderen zu zeigen, dass ihm diese Form des Spiels zu stark ist.

Fiepen gehört daher mit zu den Lautäußerungen, die ebenfalls auf verschiedene Art und Weise auftreten. Es dient dazu, die Gefühle, Bedürfnisse und Absichten auszudrücken. Um herauszufinden, warum der Hund fiept und was er damit sagen möchte, ist die Gesamtsituation zu betrachten. Häufig lässt sich das Fiepen sehr einfach und gut deuten, besonders dann, wenn Sie Ihren Vierbeiner und seine Bedürfnisse kennen.

# WINSELN

Das Winseln tritt in der Lautsprache von Hunden häufig auf, wenn sie Angst verspüren oder Aufregung zeigen. Daneben kann ein Winseln beim Hund außerdem Schmerzen oder Hunger bedeuten. Generell tritt diese Lautäußerung auf unterschiedliche Weise auf. Ob kurz, schnell oder lang anhaltend – je nach Art des Winselns drückt der Hund damit seine Bedürfnisse und Gefühle aus. Selbst in der Tonlage kann diese Lautäußerung variieren. Doch worin liegt der Unterschied zum Fiepen? Auch wenn dies auf den ersten Blick gleich scheint, sind das Fiepen und das Winseln unterschiedliche Lautäußerungen bei Hunden.

Zwar dienen beide zur Kommunikationsabsicht, jedoch unterscheiden sie sich in ihrer Tonlage und im Klang. Das Winseln bei Hunden ist deutlich höher als beim Fiepen. Es klingt oftmals weicher und melodischer, kann aber auch wie eine Art Seufzer auftreten. Das Fiepen hingegen ist in der Tonlage deutlich schärfer und höher und kann wie eine Art Quietschen klingen. Die Gemeinsamkeit bei beiden Lautäußerungen liegt darin, dass das Winseln in den gleichen Situationen auftreten kann, wie das Fiepen. Häufig winseln Hunde aus Freude, Aufregung oder Vorfreude. Auch mit dieser Lautäußerung möchten sie ihre Aufmerksamkeit einfordern.

# HEULEN

Das klassische Heulen eines Hundes kennen viele aus der Körpersprache der Wölfe. Hierbei handelt es sich um einen lang gezogenen, traurigen Ton, der in verschiedenen Tonhöhen (ansteigend und abfallend) verbunden ist. Es gibt verschiedene Gründe, warum Hunde heulen. Trennungsangst, Schmerzen und Liebeskummer sind nur einer der Gründe. Viele Hunde heulen, wenn sie Sirenen hören oder bei einem Feuerwerk. Andere wiederum möchten damit ihre volle Freude und Aufmerksamkeit ausdrücken.

Oft kommt das Heulen jedoch als Ausdruck von klaren Emotionen vor. Trauer, Schmerzen, Angst und Einsamkeit stecken dahinter. Die nachfolgenden Gründe können ebenfalls hinter dieser Lautäußerung stecken:

Heulen aus Einsamkeit: Ein lang gezogenes und trauriges Heulen bei Hunden deutet in der Regel auf Einsamkeit hin. Fühlt sich der Vierbeiner allein und sucht Gesellschaft, heult er, um auf sich aufmerksam zu machen. Ein solches Heulen kann vor allem dann auftreten, wenn die Bezugsperson des Vierbeiners nicht in der Nähe ist.

Heulen aus sozialen Gründen: Das Heulen unter Wölfen dient als Kommunikationsmittel untereinander. Dies gilt auch für Hunde. Sie heulen, um mit anderen Tieren zu kommunizieren und aus der Ferne gehört zu werden. Dadurch möchten sie ihre Anwesenheit bekunden und gleichzeitig ihre Position signalisieren.

Heulen als Alarmruf: Viele Hunde heulen, um Alarm zu schlagen oder auf eine potenzielle Bedrohung oder Gefahr hinzuweisen. Meistens klingt ein solches Heulen sehr angespannt und erregt.

Reaktives Heulen: Das reaktive Heulen bei Hunden beschreibt eine Reaktion in Form dieser Lautäußerung auf Kirchenglocken, Musik, Sirenen oder andere hohe Töne. In der Regel weist dieses Heulen auf eine Empfindlichkeit gegenüber dem Geräusch hin.

Heulen aus Emotion oder Stimmung: Vierbeiner, die ihre eigenen Emotionen ausdrücken wollen, zeigen dies durch Heulen. Freude, aber auch Trauer, Unbehagen oder sogar Liebeskummer drücken sie mit dem Heulen aus. Ein solches Heulen kann aus verschiedenen Gründen auftreten und unterschiedliche Stimmungen beschreiben.

Das Heulen ist oftmals ein instinktives Verhalten bei Hunden und kann verschiedene Gründe haben. Nicht alle Hunderassen heulen. Sollte der Hund jedoch in ungewöhnlichen Situationen heulen, ist es wichtig zu beobachten, was dahintersteckt, um gesundheitliche Probleme oder Schmerzen ausschließen zu können.

In unserem kurzen Video sehen Sie einen Eurasier, der sich in der Pubertät befindet und ein Heulen aus Emotionen zeigt. Durch sein Heulen verdeutlicht er seinen Liebeskummer zu einer läufigen Hündin in der Nachbarschaft.

## ZÄHNEKLAPPERN

Das Zähneklappern gehört zu den Lautäußerungen, die nicht alle Hunde zeigen und tritt dementsprechend selten auf. Je nach Situation kann das Zähneklappern Stress, Kälte oder Angst widerspiegeln. Hunde, die sich in einer ungewohnten Umgebung befinden und bedroht fühlen, klappern häufig mit den Zähnen. Doch auch Hunde, die frieren, zeigen ein solches Verhalten. Doch auch Zahn- und Kieferschmerzen können hinter dieser Lautäußerung stecken. Rüden, die eine läufige Hündin gerochen haben, klappern ebenfalls mit den Zähnen.

Um zu verdeutlichen, wann diese Lautäußerung auftreten kann, und was dahintersteckt, haben wir die wichtigsten Fakten nochmals zusammengefasst:

Zähneklappern aus Aufregung oder Vorfreude: Das Zähneklappern tritt bei Hunden aus Aufregung oder Vorfreude auf. Besonders bei einer bevorstehenden Aktivität, wie etwa der Fütterung.

Zähneklappern aus Angst und Stress: In stressigen Situationen oder in Momenten, in denen der Hund große Angst hat, kann er das durch Zähneklappern zeigen. Das Klappern mit den Zähnen geht mit einer eindeutigen Körpersprache einher und ist gut zu erkennen.

<u>Zähneklappern bei Kälte</u>: Es gibt Hunderassen, wie bspw. der Dalmatiner, der keine dicke Unterwolle besitzt. Je nach Außentemperatur kann es vorkommen, dass er sehr stark friert und dies durch Zähneklappern verdeutlicht.

<u>Zähneklappern aus medizinischen Gründen</u>:
Zahnprobleme oder andere medizinische Gründe können ein Zähneklappern beim Hund hervorrufen. Sollte dies der Fall sein, ist es wichtig herauszufinden, was genau zum Unbehagen im Mundraum des Hundes führt. Ist auf den ersten Blick nichts erkennbar, sollte ein Tierarzt zu Rate gezogen werden.

<u>Zähneklappern aus Nervosität oder bei Erregung</u>: Eine solche Lautäußerung tritt bei Hunden auch auf, wenn sie besorgt oder nervös sind und Angst und Stress zeigen wollen.

## SCHREIEN

Als letzte Lautäußerung in diesem Kapitel möchten wir auf das Schreien eingehen. Auch diese Lautäußerung kommt eher selten vor und in nur bestimmten Situationen. Häufig handelt es sich dabei um einen sehr schrillen und kurzen Ton, der häufig mit Schmerzen oder großer Angst in Verbindung steht.

Hunde schreien aber auch, wenn sie bspw. von einem anderen Artgenossen gebissen werden oder sich in einer akuten Gefahr befinden. Das Schreien soll ein Signal für Mensch und Hund sein, um auf eine starke Bedrohung aufmerksam zu machen oder um Hilfe zu bitten.

Schreit ein Hund, sollte diese Lautäußerung ernst genommen werden. Ist nicht sofort erkennbar, warum ein Hund diese Lautäußerung von sich gibt, sollte man umgehend einen Tierarzt aufsuchen, um eventuelle, gesundheitliche Probleme oder Schmerzen ausschließen zu können.

## DIE KÖRPERSPRACHE ALS KOMMUNIKATION

Die Körpersprache ist neben den Lautäußerungen einer der wichtigsten Kommunikationsmittel von Hunden (Handelman 2010). Sie nutzen sie nicht nur, um mit anderen Vierbeinern zu interagieren, sondern auch mit uns Menschen. Der Hund kommuniziert allein mit seiner Körperhaltung, seinen Gesichtsausdrücken, seinen Bewegungen, Lautäußerungen und Körpergerüchen. Sie verstehen die gesprochene Sprache von uns Menschen nicht und können nur wenige Worte beziehungsweise Tonlagen erkennen. Der Hund lernt die Körpersprache des Menschen, sodass Handzeichen oftmals ausreichen, um einen Hund führen zu können.

Hunde haben die Fähigkeit, sich mit anderen Artgenossen allein durch ihre Körpersprache zu verstehen. Es ist besonders interessant herauszufinden, welche Gesten und Signale Hunde uns senden und was sie damit ausdrücken möchten.

Im vorherigen Kapitel haben wir uns intensiv mit den Lautäußerungen von Hunden und deren Bedeutung befasst. Diese treten jedoch nie allein auf und immer in Kombination mit der Körpersprache selbst. Genau darauf möchten wir in diesem Kapitel eingehen und beschreiben, wie genau der Hund seine Körpersprache einsetzt und was sie zu bedeuten hat.

Zusätzlich bauen wir in diesem Kapitel verschiedene Videos ein und erklären die Körpersprache ins Detail. In der Theorie ist die Thematik leicht verständlich. In der Praxis hingegen sieht dies oftmals schwieriger aus. Mithilfe unserer Kurzvideos möchten wir dabei helfen, die Körpersprache besser zu verstehen und deuten zu können.

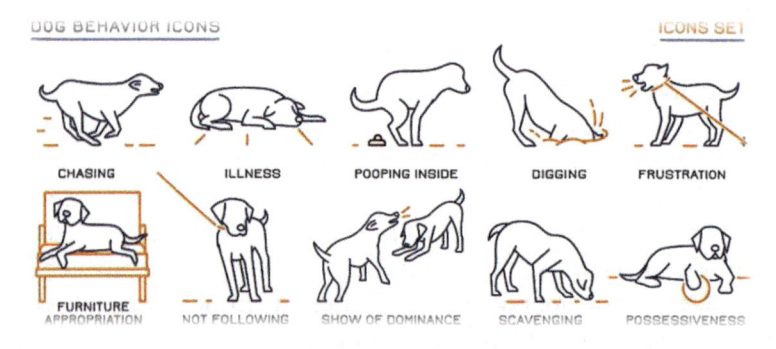

Abbildung 17: Dieses Bild zeigt die Körpersprache von Hunden in verschiedenen Situationen

## DIE MIMIK IN DER KOMMUNIKATION

Die Mimik spielt in der Körpersprache von Hunden eine wichtige Rolle (Schöning und Röhrs 2013). Diese ermöglicht dem Vierbeiner, seine Gefühle und Absichten auszudrücken und klar zu kommunizieren. Hunde erzeugen mithilfe ihrer Augen, ihrer Ohren, ihrer Nase und ihrem Maul unterschiedliche Ausdrücke, die auf ihre Stimmung oder ihr Bedürfnis hinweisen. Häufig ist die Mimik eines Hundes sehr schnell, sodass nur genaue Beobachtungen dafür sorgen sie zu verstehen. Es gibt jedoch einige, bestimmte Merkmale, anhand denen wir Menschen die Körpersprache deutlich lesen können. Damit das möglich ist, sollten Sie die Mimik von Hunden kennen und verstehen. Schließlich sind unsere Hunde wahre Meister in der Körpersprache und Kommunikation.

**Der Einsatz ihrer Lefzen**

Als Lefzen werden die Lippen des Hundes bezeichnet, die sich im vorderen Teil des Gesichtes befinden und vom Mund umgeben sind.

Unsere Hunde sind dazu in der Lage, die Position und Form ihrer Lefzen zu verändern, um ihre Stimmung oder ihre Emotionen zum Ausdruck zu bringen. Zurückgezogene und lockere Lefzen können einen freundlichen und glücklichen Hund zeigen. Ängstliche oder aggressive Hunde ziehen ihre Lefzen nach vorn, um ihre Zähne zu zeigen.

Ein seitliches Hochziehen der Lefze zeigt oftmals Unsicherheit und Angst, kann aber auch ein Zeichen von Unterwürfigkeit sein. Wie bei den Lautäußerungen auch steht die Mimik eines Hundes immer in Verbindung mit der restlichen Körpersprache.

Auf welche Art und Weise Hunde ihre Lefzen verändern können und welche Bedeutung dahintersteckt, möchten wir genauer erklären:

<u>Lefzen anheben</u>: Hebt sein Hund seine Lefzen an, kann dies ein Zeichen dafür sein, dass er seine Umgebung genauer untersuchen möchte. Das Anheben der Lefzen tritt jedoch in verschiedenen Situationen auf, etwa wenn der Hund etwas Besonderes riecht, was seine volle Aufmerksamkeit erfordert.

<u>Lefzen herunterziehen</u>: Das Herunterziehen der Lefzen kann bedeuten, dass der Hund ängstlich, gestresst oder besorgt ist. Diese Mimik wird gerne auch als klassisches „Schmollen" gesehen. Hunde ziehen ihre Lefzen herunter, um zu signalisieren, dass sie sich unwohl fühlen.

<u>Lefzen kräuseln</u>: Ist der Hund glücklich oder aufgeregt, kann er seine Lefzen kräuseln. Viele Hunde zeigen diese Mimik während des Spiels mit anderen Artgenossen oder beim Herantreten an die eigene Bezugsperson, um einer Aktivität freudig gegenüberzutreten.

Abbildung 18:  Welpe zieht Lefzen herunter und schmollt

Lefzen zurückziehen: Hunde ziehen ihre Lefzen hoch, um ihre Zähne zu zeigen. Dies kann eine aggressive Geste oder Drohung zeigen. Der Hund möchte damit verdeutlichen, dass er sich bedroht fühlt und zeigt einen Verteidigungsmodus.

Lefzen-Lecken: Das Lefzen-Lecken bei Hunden ist ein klassisches Signal für Stress und Unbehagen. In vielen Fällen kann dies aber auch ein Beschwichtigungszeichen gegenüber eines anderen Hundes oder eines Menschen sein.

Hunde lecken auch bei der Nahrungsaufnahme ihre Lefzen oder wenn sie Durst signalisieren wollen. Ein übermäßiges Lecken der Lefzen sollte immer mit dem Tierarzt besprochen werden.

**Abbildung 19:** Hund zieht seine Lefzen zurück und zeigt seine Zähne

<u>Lefzen anspannen</u>: Das Anspannen der Lefzen ist bei Hunden zu erkennen, wenn er aufmerksam und konzentriert ist. Diese Mimik ist häufig während des Trainings zu erkennen oder wenn der Hund eine bestimmte Aufgabe erfüllen soll.

Abbildung 20: Wölfe zeigen dieses Verhalten ebenso

**Der Einsatz des Fangs**

Der Fang ist ein anderes Wort für die Schnauze des Hundes. Zu diesem gehört der Oberkiefer, der Unterkiefer, die Lefzen und das Gebiss. Die Schnauze wird nicht nur in der Körpersprache benötigt, sondern auch, um Nahrung aufzunehmen und zu zerkleinern. Der Fang des Hundes hat in der Körpersprache eine wichtige Bedeutung. Er wird nicht nur zum Greifen, Halten oder Zerbeißen eingesetzt, sondern in der zwischenartlichen Kommunikation. Eine typische Mimik ist das Lefzen-Lecken. Leckt der Hund seine Lefzen ab, entblößt er seinen Fang. Ein Verhalten, das verschiedene Bedeutungen haben kann. Es kann bspw. für Unterwürfigkeit stehen, ein Entspannungssignal sein oder aber das Wohlbefinden des Hundes verdeutlichen. Interagiert der Hund mit anderen Artgenossen, ist dies ein Beschwichtigungszeichen, um einen Konflikt gezielt zu vermeiden oder zu entschärfen.

Der Fang kommt in der Regel nicht allein zum Einsatz, sondern immer in Begleitung einer Lautäußerung. Öffnet der Hund seinen Fang weit und knurrt dabei, weist das auf eine Drohung oder Warnung hin. Im Spiel und in der Interaktion mit anderen Hunden kommt der Fang ebenfalls zum Einsatz. Mit diesem agieren Hunde spielerisch.

Nachfolgend möchten wir auf einzelne Möglichkeiten bzw. Situationen eingehen, in denen die Körpersprache des Fangs deutlich erkennbar ist.

<u>Der Fang bei einer freundlichen Begrüßung</u>: Hunde setzen ihren Fang gerne bei einer freundlichen Begrüßung ein. Sie zeigen ihren Fang, indem sie das Maul leicht öffnen und die Zähne freilegen. Mit dieser Mimik signalisieren sie eine freundliche Begrüßung, was unter Hundehaltern oftmals als Lächeln bezeichnet wird.

<u>Der Fang bei Unterwürfigkeit</u>: Hunde können ihren Fang entblößen und leicht öffnen, wenn sie eine unterwürfige Geste gegenüber einem dominierenden oder aggressiven Hund zeigen. Diese Mimik gilt als Beschwichtigungssignal und dient dazu, Konflikte mit einem anderen Artgenossen zu vermeiden.

Der Fang bei einer Beschwichtigung: Einige Hunde lecken sich die Lefzen oder Lippen, um Beruhigung und Beschwichtigung ausdrücken zu wollen. Häufig tritt eine solche Mimik in besonders stressigen Situationen auf oder in Momenten, in denen sich der Hund nicht wohlfühlt. Ein klares Signal, um seinem Gegenüber zu zeigen, dass er friedlich ist.

Der Fang bei dominantem Verhalten: Zeigt ein Hund Dominanz, setzt er gerne seinen Fang ein. Dadurch betont er seine Autorität und signalisiert den anderen Vierbeinern, dass er einen hohen Rang beanspruchen möchte.

Der Fang bei spielerischen Interaktionen: Besonders bei spielerischen Aktionen, egal ob mit Mensch oder Hund, setzen sie gerne ihren Fang ein. Spielerisches Beißen und Knurren kommt des Öfteren bei einer Interaktion vor. Hierbei handelt es sich um eine harmlose Form der Kommunikation, die den Spaß des Spielens fördern soll.

Der Fang bei einer Bedrohung oder Aggression: Durch die Entblößung seines Fangs und dem klassischen Zähne zeigen signalisieren Hunde, Aggression oder Bedrohung. Oftmals wird diese Mimik von einem Knurren begleitet und soll andere Artgenossen warnen und darauf hinweisen, dass der Hund bereit ist, sich zu verteidigen.

Hunde setzen beim Spielen gerne ihren Fang ein. Was auf den ersten Blick böse aussieht, ist für Hunde ein normales Spiel.

Abbildung 21:   Hund kommuniziert und signalisiert mit seinem Fang Bedrohung/Aggression

**Der Einsatz der Zunge**

Die Zunge eines Hundes gehört ebenso zu den Instrumenten, die für die Körpersprache relevant sind. Auch die Zunge wird von Hunden benutzt, um Emotionen und Bedürfnisse zu zeigen. Ist ein Hund gestresst oder gar ängstlich, leckt er sich über die Lefzen, um sich selbst zu beruhigen oder den Stress abzubauen. Hunde, die glücklich und entspannt sind, lassen gerne mal die Zunge heraushängen, oftmals seitlich. Dies ist jedoch nicht nur ein Zeichen dafür, dass sich der Hund sicher und wohlfühlt, sondern auch ein Zeichen, dass ihm zu warm ist. Besonders im Sommer ist diese Mimik bei vielen Hunden deutlich zu erkennen.

Hunde kommunizieren über ihre Zunge sogar mit anderen Artgenossen. Sie lecken den Mund eines anderen Hundes ab und zeigen somit Respekt oder Unterwürfigkeit. Durch diese Geste ist es Hunden möglich, Konflikte mit anderen Artgenossen zu vermeiden.

In der Körpersprache von Hunden ist die Zunge ein wichtiges Instrument, welches auf verschiedenen Wegen zum Einsatz kommt und unterschiedliche Bedeutung hat.

Hunde lecken gerne mal die Gesichter ihrer Menschen oder ihre Ohren. Dies ist ein Ausdruck von Zuneigung, aber auch Unterwürfigkeit. In manchen Fällen kann das Lecken auch als Beruhigung oder Beschwichtigung zum Einsatz kommen. Besonders dann, wenn der Hund merkt, dass sein Gegenüber gestresst oder ängstlich ist.

Es ist besonders wichtig zu beachten, dass der Einsatz der Zunge eines Hundes immer im Kontext mit anderen körpersprachlichen Elementen steht. Daher ist immer das große Ganze zu betrachten und nicht nur die Bewegung oder das Abbild der Zunge.

Das Lecken mit der Zunge: Es ist täglich bei unseren Vierbeinern zu sehen. Das Lecken mit der Zunge. Diese Mimik kann verschiedene Bedeutungen haben und sollte immer im gesamten Kontext betrachtet werden. Hunde lecken oder putzen sich gerne selbst, um sich zu reinigen, aber auch zu beruhigen. Hunde lecken aber gerne auch Gegenstände oder andere Menschen an, um Zuneigung, Beschwichtigung und Unterwürfigkeit zu zeigen.

Das Lecken beim Gähnen: Das Gähnen ist bei Hunden in der Regel ein Zeichen von Müdigkeit. Es kann aber auch eine Geste der Beschwichtigung sein oder ein Zeichen von Stress und Unsicherheit.

Die heraushängende Zunge: Stark angestrengte Hunde lassen ihre Zunge heraushängen. Besonders nach einer körperlichen Aktivität kann dies der Fall sein, wenn der Hund erschöpft ist. Eine solche Mimik stellt keinerlei Gefahr dar, sondern zeigt eine natürliche Reaktion den hündischen Körpers, um sich herunterzukühlen.

Die herausgestreckte Zunge: Hunde, die eine große Erwartung oder Aufregung signalisieren, strecken oftmals ihre Zunge heraus. Diese Mimik tritt häufig beim Spielen auf oder auch dann, wenn der Hund Aufmerksamkeit wünscht.

**Abbildung 22:** Hunde hecheln, um ihre Körpertemperatur zu regulieren

Das Schnalzen mit der Zunge: Viele Hunde machen mit ihrer Zunge ein schnalzendes und knackendes Geräusch. Auch diese Geräusche sind eine Form der Kommunikation zwischen Hund und Mensch und Hund und Hund, um die volle Aufmerksamkeit zu erregen.

Das Schmatzen mit der Zunge: Hunde können mit ihrer Zunge schmatzen. Dabei bewegen sie nicht nur die Zunge, sondern auch ihr Maul und signalisieren auch damit Aufmerksamkeitsverlangen. Häufig machen Hunde diese Geräusche, wenn sie Durst haben oder etwas ganz besonders Leckeres genießen.

**Der Einsatz der Augen**

Um die Mimik und Körpersprache eines Hundes lesen zu können, ist die Betrachtung der Augen ebenso wichtig. Ein Hund kann mit seinen Augen nicht nur seine Stimmung und seine Absichten signalisieren, sondern sein komplettes Verhalten ausdrücken. Starrt ein Hund einen anderen an, kann er durch seine Augen Dominanz, aber auch Unsicherheit übermitteln. Hunde können ihre Augen aber auch abwenden, halb schließen oder Entspannung ausdrücken.

Insgesamt drücken Hunde mit ihren Augen verschiedene Emotionen und Absichten aus.

Direkter Blickkontakt: Der direkte Blickkontakt eines Hundes kann verschiedene Bedeutungen haben. Ein langes oder sogar fixiertes Anstarren kann eine Drohung oder Herausforderung sein. Häufig tritt eine solche Mimik unter Hunden auf.

Bei einem direkten Blickkontakt und Anstarren eines Menschen kann dies Zuneigung, Liebe, Vertrauen oder Aufmerksamkeit bedeuten.

Hund vermeidet Blickkontakt: Vermeidet ein Hund den direkten Blickkontakt, senkt er dazu meistens seinen Kopf und schaut weg. Dies kann ein Zeichen von Unterwürfigkeit und Respekt sein, aber auch ein klares Signal für Beschwichtigung. Hunde versuchen durch diese Körpersprache einen Konflikt mit einem anderen Artgenossen oder Menschen zu vermeiden und signalisieren, dass die Situation keineswegs bedrohlich ist.

<u>Langsames Blinzeln mit den Augen</u>: Das klassische Augenzwinkern eines Hundes oder auch das langsame Blinzeln steht für eine freundliche Geste des Hundes. Einige Hundehalter bezeichnen diese Mimik als „Hundelächeln" oder sogar als „Hundekuss". Schließlich kann es auch für Entspannung und Vertrauen stehen.

<u>Weite und vergrößerte Augen</u>: Hat der Hund die Augen weit geöffnet und zeigt sogar vergrößerte Pupillen, kann dies auf Stress, Erregung oder Aufregung hindeuten. Hunde, die eine solche Mimik zeigen, sind oftmals angespannt und befinden sich in einer alarmierenden Reaktion.

<u>Herabschließende Augen</u>: Viele Hunde, die entspannen oder sich wohlfühlen, schließen ihre Augen leicht. Besonders häufig tritt diese Mimik auf, wenn der Hund gestreichelt wird oder sich in einer anderen, gemütlichen Position befindet.

<u>Das Blinzeln mit den Augen</u>: Blinzeln der Hund mit den Augen oder mit nur einem Auge ist dies oftmals eine Geste, die unter Hunden zu erkennen ist, wenn ein Hund auf einen dominanten Artgenossen trifft. Diese Geste soll Unterwürfigkeit und Beruhigung zeigen.

### Der Einsatz der Ohren

Abschließend in diesem Kapitel möchten wir auf die Ohren eines Hundes eingehen, die ebenfalls eine wichtige Stellung in der Körpersprache der Vierbeiner einnehmen. Mithilfe ihrer Ohren kommunizieren Hunde nicht nur untereinander, sondern auch mit uns Menschen. Die Ohrhaltung eines Hundes kann ebenfalls die Stimmung, die Absichten und die Emotionen ausdrücken.

Hunde können ihre Ohren aufstellen, anlegen oder steil nach oben richten. Welche Bedeutung die Ohrenstellung bei Hunden haben kann, möchten wir kurz erklären:

<u>Nach vorn gerichtete Ohren:</u> Richtet der Hund seine Ohren nach vorn und hält sie aufrecht, signalisiert er damit große Aufmerksamkeit und Interesse an seiner Umgebung. Hunde zeigen diese Ohrenstellung häufig, wenn sie etwas fixieren, fokussieren oder besonders neugierig sind.

<u>Lockere, hängende Ohren:</u> Entspannte, freundliche Hunde lassen ihre Ohren gerne locker hängen. Dies weist auf eine angenehme Situation hin und zeigt deutlich, dass der Hund keinerlei Bedrohung erwartet oder empfindet.

<u>Ohren flach an den Kopf legen</u>: Legt ein Hund seine Ohren flach nach hinten oder dreht sie nach hinten, deutet dies auf eine Geste der Beschwichtigung oder Unterwerfung hin. Damit signalisiert der Hund, dass er Konflikte vermeiden möchte.

Ohren anlegen: Legt der Hund seine Ohren an, wenn er auf einen Menschen oder einen anderen Hund trifft, kann dies ebenfalls eine unterwürfige Bedeutung haben. Der Hund möchte klar vermitteln, dass er keine Bedrohung darstellt.

Ängstliche Hunde legen ihre Ohren oftmals flach an den Kopf oder drehen sie nach hinten, um Unsicherheit zu vermitteln. Eine Geste, die besonders zum Vorschein kommt, wenn der Hund sich bedroht fühlt.

Steil nach oben gerichtete Ohren: Sind die Ohren eines Hundes steil nach oben und nach vorn gerichtet, zeigt das ein dominantes und eher aggressives Verhalten. Durch diese Ohrenstellung signalisieren Hunde eine drohende Haltung.

Bewegende Ohren: Bei spielerischen Interaktionen sind Hunde in der Lage, ihre Ohren auf verschiedene Art und Weise zu bewegen. Oftmals zeigen sie damit Freude und möchten sich gegenüber anderen Hunden oder Menschen ausdrücken.

*Wichtig: Die Mimik ist immer im Kontext zur Körpersprache zu stellen. Sie steht nie allein und wird immer durch Lautäußerungen oder anderen körpersprachlichen Elementen begleitet. Genau das ist mit dem großen Ganzen gemeint, dass in der Körpersprache des Hundes und selbst in der Erziehung relevant und wichtig ist.*

## WIE VERÄNDERN SICH KÖRPERACHSE: KOPF, HALS, RÜCKEN, RUTE UND LÄUFE IN DER KOMMUNIKATION?

Nachdem wir uns mit der Lautsprache und der Mimik von Hunden in der Körpersprache befasst haben, möchten wir auf den Einsatz des Körpers eingehen. Die Körperachse eines Hundes besteht aus seinem Kopf, seinem Hals, dem Rücken, der Rute und den Läufen. All diese Körperteile werden in der Kommunikation benutzt und treten in Kombination mit der Mimik und teilweise auch mit Lautäußerungen auf (Rugaas und Reinhardt 2001).

Wie Hunde ihre Körperachse einsetzen und was sie damit sagen möchten, behandeln wir in diesem Kapitel.

**Die Kommunikation mit der Körperachse**

Die Körperachse kommt bei Hunden zum Einsatz, um mit anderen Artgenossen oder auch Menschen zu interagieren und ihnen etwas Bestimmtes mitzuteilen. Dies können Gefühle, Emotionen oder andere Absichten sein. Hunde, die bspw. aufrecht und selbstbewusst stehen und dies mit ihrer Körperachse ausdrücken, sind in der Regel Selbstsicherheit und Dominanz. Vierbeiner, die ihre Körperachse halb zur Seite drehen, signalisieren, dass sie keineswegs aggressiv sind und auch nicht vorhaben anzugreifen.

Anders ist es, wenn der Hund seine Körperachse frontal ausrichtet. Dies zeigt ein klares Zeichen von drohender Aggression.

Um das Verständnis für den Einsatz der Körperachse zu erleichtern, möchten wir einige Beispiele aufführen.

<u>Aufrechte Körperachse, erhobener Kopf, aufrechte Rute</u>: In dieser Position halten Hunde ihre Körperachse aufrecht. Dies drücke Dominanz und Selbstbewusstsein aus und ist ein klares Signal gegenüber anderen Artgenossen, dass sich der Hund in einer Umgebung wohlfühlt.

<u>Senkende Körperachse, senkender Kopf, abgerundeter Rücken</u>: Senkt ein Hund seine Körperachse und legt sich eventuell auch vollständig auf den Boden, ist dies in Kombination mit einem senkenden Kopf und einem abgerundeten Rücken eine Geste für Unterwürfigkeit. Damit versuchen Hunde in der Regel Konflikte zu vermeiden und signalisieren eine freundliche Annäherung.

<u>Vorderkörper abgesenkt, hinterer Körper angehoben</u>: Mit dieser Position kann der Hund seine Körperachse einsetzen, um zu signalisieren, dass er spielbereit ist. Dazu senkt er seinen Vorderkörper ab und hebt den hinteren Teil des Körpers an. Eine solche Geste lädt zum Spielen ein und vermittelt, dass der Hund aufgeregt und freudig ist, mit seinem Artgenossen oder seinem Menschen zu spielen.

Abbildung 23:    Die Dogge zeigt die klassische Spielgeste in ihrer Körpersprache

Seitlich geneigte Körperachse: Ist die Körperachse seitlich geneigt, kann das ein Zeichen von Unsicherheit oder sogar Aggression darstellen. Eine solche Körperhaltung sagt aus, dass sich der Hund bedroht fühlt und sogar verteidigen würde.

Springen und Wippen mit der Körperachse: Aufgeregte Hunde können mit ihrer Körperachse springen und wippen. Durch diese Geste wollen sie Begeisterung äußern und Freude signalisieren. Oftmals tritt eine solche Körpersprache auf, wenn der Hund sich auf eine bestimmte Interaktion oder Aktivität freut.

Freigegebene Körperachse: Eine freigegebene Körperachse bedeutet, dass sich der Hund auf den Rücken legt. Ein eindeutiges Zeichen von Entspannung, Wohlbefinden und Zufriedenheit. Hunde zeigen dieses Verhalten, um zu signalisieren, dass sie sich rundum wohl und sicher fühlen.

## Die Kommunikation mit dem Kopf

In ihrer Kommunikation benutzen Hunde häufig ihren Kopf, um bestimmte Emotionen zum Ausdruck zu bringen. Sie können ihren Kopf senken oder heben, aber auch eine seitliche Kopfhaltung einnehmen. In der Körpersprache kann der Kopf verschiedene Positionen einnehmen, die alle etwas Bestimmtes vermitteln.

Gesenkter und geneigter Kopf: Senkt oder neigt ein Hund seinen Kopf, signalisiert er in der Regel Unterwürfigkeit oder Freundlichkeit. Mit dieser Geste möchte er Konflikte vermeiden. Diese Kopfstellung steht auch für Vertrauen und Respekt gegenüber seines Halters oder gegenüber anderer Artgenossen.

Erhöhte und aufrechte Kopfhaltung: Hält der Hund seinen Kopf erhöht und aufrecht, drückt er

Selbstbewusstsein, Neugier oder Aufmerksamkeit aus. Hunde, die eine solche Kopfstellung zeigen, befinden sich häufig in einer Erkundungsbereiten und aufgeschlossenen Haltung.

Seitlich geneigter Kopf: Hunde können ihren Kopf seitlich neigen. Dadurch vermitteln sie Interesse und Aufmerksamkeit. Einige Hunde signalisieren dadurch ihre Neugier.

Feste, steife Kopfhaltung: Eine feste Kopfhaltung tritt in der Regel in Kombination mit einem starren Blick auf. Dabei hält der Hund den Kopf ganz ruhig und starr. Er weist dadurch auf eine Bedrohung hin oder auf etwas, woran er besonders Interesse hat. Oftmals wird diese Kopfhaltung auch als „fixieren" bezeichnet, etwa wenn der Hund seinen Fokus auf ein Wildtier legt.

Angelegter oder aufgelegter Kopf: Hunde legen ihren Kopf gerne auf den Schoß des Halters oder auf Tisch und Sofa. Eine solche Geste drückt Zuneigung, Vertrauen oder den Wunsch nach Nähe aus. Es handelt sich dabei um eine herzliche Geste.
Einige Hunde nutzen diese Kopfhaltung, um zu betteln. Häufig am Esstisch zu erkennen, wenn der Vierbeiner etwas vom Tisch möchte.

Kopf schütteln: Das Kopf schütteln kann ein deutliches Zeichen von Unbehagen oder Irritation sein. Auch schütteln Hunde den Kopf, um überschüssige Feuchtigkeit loszuwerden, etwa nach einem Regenspaziergang. Anderseits schütteln Vierbeiner dadurch Stress ab und möchten Unangenehmes loswerden.

Gehobener Kopf: Ein gehobener Kopf mit der Lautäußerung Bellen steht für eine Warnung. Der Hund möchte klar auf sich aufmerksam machen und dem Halter signalisieren, dass er etwas Ungewöhnliches bemerkt hat.

Abbildung 24: Kopfschütteln kann bei Hunden unterschiedliche Bedeutungen haben und ist von der individuellen Situation abhängig

## Die Kommunikation mit dem Hals

Hunde kommunizieren neben ihrem Kopf auch mit ihrem Hals. Streckt ein Hund bspw. seinen Hals, kann dies Aufmerksamkeit oder Wachsamkeit signalisieren.

Zieht der Vierbeiner seinen Hals ein, zeigt er sich ängstlich und unsicher. Hunde können mithilfe ihres Halses genauso gut ihre Stimmung oder Emotion ausdrücken, wie mit anderen Körperteilen auch.

Angehobener Hals: Hunde heben ihren Hals an, um ihr Selbstbewusstsein nach außen zu zeigen. Der gehobene Hals signalisiert zudem Wachsamkeit und Aufmerksamkeit.

Abbildung 25: Durch seinen gehobenen Hals zeigt dieser Hund im Feld eine erhöhte Aufmerksamkeit

Gesenkter Hals: Hunde senken ihren Hals oder rollen ihn ein, wenn sie sich unterwürfig und unsicher zeigen wollen. Eine solche Geste ist zu erkennen, wenn der Hund einen Konflikt vermeiden möchte oder sich in einer Situation befindet, in der er sich unsicher fühlt.

Seitlich, geneigter Hals: Neigt ein Hund seinen Hals seitlich, zeigt er damit Interesse oder Neugier. Auch Verwirrung kann mit dieser Geste deutlich werden.

Lockerer Hals: Hunde, die sich wohl und sicher fühlen, zeigen in ihrer Körpersprache einen lockeren Hals. Sie signalisieren damit Entspannung und bauen keinerlei Druck auf die Halsstellung aus.

Steifer Hals: Ein steifer Hals bei Hunden ist dann zu sehen, wenn der Vierbeiner angespannt oder aggressiv ist. Durch das steif stellen des Halses wollen Hunde versuchen sich größer und bedrohlicher zu zeigen.

## Die Kommunikation mit dem Rücken

Der Rücken kommt in der Körpersprache von Hunden ebenfalls zum Einsatz. Hunde können ihren Rücken wölben, gerade halten und auch strecken. Die Positionierung des Rückens sagt viel über die Stimmung und die Bedürfnisse des Hundes aus.

Aufgewölbter Rücken: Wölbt ein Hund seinen Rücken auf, ist dies ein Zeichen von Aggression oder Unsicherheit. Viele Hunde wölben ihren Rücken, um größer auszusehen und eine Bedrohung abzuschrecken.

Abgerundeter Rücken: Ein klares Zeichen für Unterwürfigkeit ist es, wenn der Hund seinen Rücken abrundet. Er signalisiert dadurch Angst oder versucht einen Konflikt zu vermeiden. Es kann eine Geste sein, um sich selbst kleiner zu machen und sich vor einer potenziellen Gefahr zu schützen.

Gerader Rücken: Wachsame und selbstbewusste Hunde halten ihren Rücken in der Regel gerade. Ihrer Umgebung möchten sie mit dieser Rückenhaltung vermitteln, dass sie sich wohl und sicher fühlen.

Rücken schütteln: Schüttelt ein Hund sich, zeigt dies eine deutliche Reaktion auf Nässe oder Unbehagen. Viele Hunde schütteln sich etwa nach einem regnerischen Spaziergang. Hunde machen dies aber auch, um überschüssige Energie loszuwerden. Gut zu erkennen, ist ein solches Verhalten beim Spiel zwischen zwei Hunden.

Gestreckter Rücken: Das Strecken des Rückens ist bei Hunden besonders gut nach dem Aufstehen zu erkennen. Der Hund macht sich ganz lang und streckt seinen Rücken dabei. Ein Zeichen für Entspannung, Zufriedenheit und Wohlbefinden.

Seitlich, geneigter Rücken: Hunde können ihren Rücken seitlich neigen und dadurch signalisieren, dass sie an etwas Interesse haben oder neugierig sind.

**Die Kommunikation mit der Rute**

Die Rute ist ein wichtiger Bestandteil in der Körpersprache der Hunde und kommt fast immer zum Einsatz. Anhand der Rute ist es uns Menschen leichter möglich, den eigenen Hund zu lesen. Gerade beim Einsatz der Rute kommt es gelegentlich zu Missverständnissen in der Kommunikation. Wedelt ein Hund mit dem Schwanz, zeigt das nicht immer Freude. Hunde, die im Jagdmodus sind oder Aufregung zeigen, wedeln ebenfalls mit der Rute. Um solche Missverständnisse zu vermeiden ist es wichtig, nicht nur auf die Rutenstellung zu achten, sondern zugleich auf die gesamte Körpersprache.

Hunde sind in der Lage nicht nur die Rute in eine bestimmte Stellung zu bringen, um zu kommunizieren, sondern auch die Geschwindigkeit und die Richtung des Wedelns zu verändern.

Hoch, erhobene Rute: Selbstbewusste, aufmerksame und dominante Hunde gehen meist mit einer erhobenen Rute voraus. Gleichzeitig kann diese Rutenstellung ein Zeichen von Wohlbefinden und Sicherheit sein, aber auch für Imponierverhalten stehen.

Wackelnde Rute: Bewegt ein Hund seine Rute locker hin und her, zeigt dies häufig Aufregung oder Freude. Oftmals handelt es sich um ein Zeichen, dass der Hund glücklich ist und sich in einer angenehmen Situation befindet, in der er sich wohlfühlt.

Schnelles Ruten wedeln: Ein schnelleres und aufgeregtes Wedeln mit der Rute drückt Begeisterung und Aufregung aus. Eine besonders große Freude signalisieren Hunde, wenn sie ihre Rute in einem großen Bogen schnell bewegen.

Niedrige Rute: Eine niedrig gehaltene Rute, die nahe am Körper gehalten wird, signalisiert dem Gegenüber Unsicherheit, Angst oder Unterwürfigkeit. Befindet sich der Vierbeiner in einer unsicheren Situation oder steht vor einem Konflikt, kann er diese Rutenstellung zeigen.

Versteckte Rute: Extreme Angst und Unsicherheit zeigen Hunde, die ihre Rute hinter ihren Hinterbeinen verstecken. Diese Rutenstellung weist auf eine sehr große Bedrohung oder Angst hin.

**Abbildung 26:** Hund hat Angst und zeigt dies durch seine eingeklemmte Rute

Langsames Ruten fächeln: Vorsicht und Neugier möchte uns der Hund signalisieren, in dem er langsam seine Rute hin und her fächelt. Gut zu erkennen, ist eine solche Rutenstellung, wenn der Hund eine Umgebung erkundet und viele, neue Informationen sammelt.

Steife, gerade Rute: Hält der Hund seine Rute gerade und steif, deutet dies auf Aufregung und Anspannung hin. Hunde reagieren oftmals mit dieser Rutenstellung, wenn sie eine potenzielle Gefahr sehen und darauf reagieren.

Entspannte, lockere Rute: Hunde mit entspannter und lockerer Rute (ohne fächern, wedeln oder steif stellen) haben keinen Stress und fühlen sich sicher in ihrer Situation.

Mit diesem Video möchten wir gerne eine entspannte und lockere Rutenhaltung zeigen. Der Dalmatiner zu Beginn des Videos steht ganz entspannt am Rande der Wiese und schnuppert, während seine drei Geschwister hitzig auf der Wiese toben und ihren Spaß haben. Durch seine lockere, entspannte Rute ist gut zu erkennen, dass er sich in seiner Situation sicher fühlt und nicht aus der Ruhe bringen lässt.

### Die Kommunikation mit den Läufen

Hunde setzen sogar ihre Läufe in der Kommunikation ein. Etwa, wenn sie buddeln oder kratzen, aber auch wenn sie etwas anzeigen wollen. Ständig zu sehen ist das Heben des Hinterbeines bei Rüden zum Urinieren. In der Körpersprache setzen Hunde nicht nur ihre Vorderläufe ein, sondern auch ihre Hinterläufe.

Pfoten heben: Hunde heben die Pfote, um auf etwas aufmerksam zu machen oder anzuzeigen. Ein gutes Beispiel ist das Anzeigen von Wild oder Mäusen. Es kann gleichzeitig ein Zeichen von Neugier sein. Hat der Hund bspw. etwas gesehen oder bemerkt, stellt er sich in die Richtung und hebt seine Pfote.

Pfote auflegen: Eine freundliche Geste, die gerne mit Zuneigung in Verbindung gebracht wird, ist das Pfoten auflegen. Hunde zeigen eine solche Geste häufig in Verbindung mit dem Wunsch nach Aufmerksamkeit oder Zuwendung.

Pfoten kratzen: Kratzt der Hund an einer Oberfläche, einem Teppich oder sogar einer Wiese, kann dies ein Zeichen von Stress, Unbehagen oder Frustration sein. Häufig ist ein solches Verhalten auch bei einem territorialen Verhalten auf Wiesen oder dem eigenen Grundstück zu sehen, damit der Hund seine Duftmarke setzen kann.

Pfoten und Krallen einziehen: Hunde ziehen gerne im Liegen ihre Pfoten und krallen ein, um volle Entspannung, aber auch Vertrauen zu signalisieren. Oftmals ist ein solches Verhalten zu erkennen, wenn der Hund gerade schläft oder ruht und sich streckt.

Zittern oder heben der Läufe: Zittern die Beine des Hundes leicht oder hebt er sie sogar kann, kann dies ein Zeichen von Unsicherheit sein. Eine solche Geste wird oft benutzt, um Konflikten aus dem Weg zu gehen.

Starkes Heben der Läufe: Zeigt der Hund Aufregung oder Neugier, hebt er seinen Lauf. Dabei steht der Hund auf drei Beinen und hebt eines der beiden vorderen Läufe. Hunde zeigen dieses Verhalten, wenn sie etwas anzeigen wollen (etwa eine Maus) oder in einer bestimmten Situation mehr Informationen sammeln.

<u>Lahmen (Humpeln) mit den Läufen</u>: Fängt der Hund an, mit einem Lauf zu lahmen, fühlt er sich nicht wohl und hat Schmerzen. Dies kann auf eine Verletzung hinweisen. Der Gang zum Tierarzt in diesem Fall wichtig.

Dieses Kapitel beschreibt klar die Veränderung des Körpers eines Hundes in der Kommunikation. Neben den genannten Beispielen zu jedem einzelnen Körperteil gibt es noch viel mehr, was wir aus unseren Hunden lesen können. Die in diesem Kapitel aufgeführten körpersprachlichen Merkmale sind die gängigsten und häufigsten, die jeder Hundeinteressierte und Hundehalter kennen sollte.

Im nachfolgenden Kapitel: „So setzen Hunde ihre Körpersprache in der Kommunikation ein" werden Sie das ein oder andere Merkmal aus diesem Kapitel wiederfinden.

## DIE KÖRPERVERLAGERUNG UND KÖRPERSPANNUNG DES HUNDES

Nicht nur die einzelnen Körperteile, die Lautäußerungen und die Mimik spielen in der Körpersprache der Hunde eine relevante Rolle, sondern auch die Verlagerung und Spannung des Körpers (Handelman 2010). Hunde verlagern ihr Gewicht in der Körpersprache und zeigen deutliche Emotionen durch ihre Körperspannung.

Doch was ist genau mit dem Begriff Körperverlagerung gemeint? Die Körperverlagerung beschreibt die Art und Weise, wie der Hund sein Gewicht und auch seine Position in bestimmten Situationen bewegt und einsetzt. Hierbei handelt es sich um eine Form der nonverbalen Kommunikation, die dabei hilft, die Bedürfnisse und Emotionen auszudrücken.

Verlagert ein Hund sein Gewicht nach vorn, auf seine Vorderpfoten, signalisiert dies Aggression. Verlagert er das Gewicht hingegen nach hinten, also auf die Hinterpfoten, und richtet dabei seinen Körper auf, signalisiert er damit Selbstbewusstsein und Dominanz.

Hunde nutzen ihre Körperverlagerung, um eine Botschaft zu mildern oder zu verstärken. Dabei kann er seinen gesamten Körper nicht nur verlagern, sondern auch in der Schnelligkeit bewegen. Plötzliche und schnelle

Körperverlagerungen drücken bei Hunden meistens eine Bedrohung oder Warnung aus, wohingegen langsame, entspanntere Verlagerungen des Körpers ein klares Zeichen von Wohlbefinden und Entspannung sind.
Mithilfe der Körperverlagerung ist es einem Hund möglich, sich in seiner Kommunikation besser auszudrucken und Missverständnisse zu vermeiden.

Neben der Körperverlagerung spielt die Körperspannung eine wichtige Rolle. Auch mit dieser versucht der Hund seine Emotionen auszudrücken und deutliche Signale zu senden.

Eine steife und angespannte Körperhaltung kann beim Hund auf Unsicherheit und Angst hindeuten. Ist die Körperspannung des Hundes locker und entspannt, deutet das auf einen freundlichen und offenen Vierbeiner hin.

Hunde setzen ihre Körperspannung aber auch ein, um bestimmte Absichten zu übermitteln. Ein gutes Beispiel ist die Interaktion mit anderen Hunden. Möchte ein Hund spielen, spannt er seine Muskeln an und rennt los. Bei dieser Interaktion ist die Körperspannung und Körperverlagerung (häufig kniet er vorn und stellt seine Hinterbeine auf; klassische Spielaufforderung) deutlich zu erkennen.

## DIE KÖRPERSPRACHE DES HUNDES IN DER PRAXIS

In der Praxis ist es für uns Menschen nicht immer leicht, die Körpersprache des Hundes zu verstehen. Dabei handelt es sich dabei um das wichtigste Kommunikationsmittel des Vierbeiners, mit dem er nicht nur mit seinen Artgenossen kommuniziert, sondern auch mit uns Menschen. Je mehr wir unsere Hunde beobachten und verstehen, desto leichter wird es, ihre Sprache zu verstehen. Nur wer die Körpersprache der Hunde versteht, kann angemessen reagieren und potenzielle oder gefährliche Konfliktsituationen vermeiden.

Es ist wichtig, jeden Bereich des Hundes deuten zu können und das große Ganze zu verstehen. Die Körperhaltung des Hundes, seine Körperspannung, die Bewegung von Ohren und Rute und die Mimik sollten immer im Ganzen betrachtet werden. Daneben sollte die Situation genau beobachtet werden.

Doch wie lerne ich die Körpersprache des Hundes besser kennen? In erster Linie mit einem guten Praxisbuch und dem genauen Beobachten des eigenen oder anderen Hunden. Es ist wichtig, mit dem eigenen Hund Zeit zu verbringen, ihn bei den unterschiedlichsten Interaktionen genau zu beobachten und bestimmte Situationen zu analysieren und reflektieren. Daneben helfen Videos oder Kurse (wie unsere QR-Codes), die konkrete Beispiele zeigen, um die Körpersprache anderer Hunde besser kennenzulernen.

Jeder Hund ist individuell! Jeder Hund zeigt seine Verhaltensweisen auf seine Art und Weise! Nicht zu vergessen ist jedoch, dass Hunde untereinander immer gleich kommunizieren. Wer die Grundkenntnisse der Körpersprache von Hunden weiß, wird es leichter haben seinen eigenen und andere Hunde lesen und verstehen zu können.

## WAS MÖCHTE UNS DER HUND EIGENTLICH SAGEN?

Eine Frage, die sich viele Hundeinteressierte und Hundehalter stellen. Es ist jedem bekannt, dass Hunde ihre Körpersprache als Kommunikationsmittel gegenüber anderen Hunden und Menschen einsetzen. Es ist auch bekannt, dass sie damit ihre Bedürfnisse, Emotionen und Stimmungen übermitteln. Sie signalisieren mit ihrer Körpersprache, ob sie gestresst sind, glücklich sind oder Angst fühlen. Das machen Hunde nicht umsonst. Schließlich möchten sie, dass ihr Besitzer sie versteht und auf die individuellen Bedürfnisse eingeht.

In der Theorie liest es sich leicht. In der Praxis ist es deutlich schwerer, die verschiedenen Puzzleteile zusammenzuführen, um zu deuten, was der Hund uns eigentlich sagen möchte.

Angesichts dessen haben wir uns in diesem Buch etwas Besonders überlegt. Wir möchten nicht nur theoretisches Wissen vermitteln und beschreiben, wie der Hund seinen Körper zur Kommunikation einsetzt, sondern möchten mithilfe verschiedener Videos in unterschiedlichsten Sequenzen zeigen, wie Hunde untereinander oder mit anderen Menschen kommunizieren. In diesen Videos sehen Sie verschiedene Hunde, unter anderem unsere beiden Rüden, die unterschiedliche Verhaltensweisen zeigen, auf die wir im kommenden Kapitel eingehen werden. Die Videos sind oftmals nur wenige Sekunden lang, werden von uns jedoch begleitet, sodass Sie verstehen, was in diesen Sekunden vorgeht und was der Hund sagen möchte.

Sie lernen in dem kommenden Kapitel, wie der Hund Aufregung zeigt, wie territoriales Verhalten aussieht und wie Hunde Freude zeigen. Sie werden sehen, dass der gesamte Körper in der Kommunikation eine Rolle spielt und viel einzelne Bestandteile, die wir in den vorherigen Kapiteln erläutert haben (bspw. die Stellung der Ohren, Rute oder der Körperspannung) wiederfinden werden. Einige Videos werden Ihnen als eindeutig erscheinen, andere sind schwerer zu deuten und analysieren.

Eine gute Mischung aus Theorie und Praxis wird Ihnen helfen, ihren Hund zu verstehen und besser mit ihm kommunizieren zu können. Mit einer guten Kommunikation untereinander stärken Sie schließlich auch das Vertrauen und die Bindung.

**HINWEIS**: Wir werden nicht zu allen Bereichen Videos bieten können, da es uns nicht möglich war, einzelne Sequenzen zu filmen. Allerdings möchten wir mit den Videos Praxiswissen und Hilfestellungen bieten, um die Körpersprache von Hunden besser lesen zu können und anhand von Videos gute Beispiele zu erhalten.

## SO SETZEN HUNDE IHRE KÖRPERSPRACHE IN DER KOMMUNIKATION EIN

Die Körpersprache dient als Kommunikationsmittel für den Hund und bildet eine fundamentale Säule im Zusammenleben mit uns Menschen. Während wir Menschen mit zahlreichen verbalen und nonverbalen Mitteln kommunizieren und unsere Gedanken und Gefühle damit ausdrücken, benutzen Hunde eine Vielzahl an nonverbalen Kommunikationsmitteln.

Hunde sind die absoluten Meister der Körpersprache – wer seinen Vierbeiner im Alltag genauer beobachtet, wird das sehr schnell erkennen. Damit Sie einen Einblick in die Körpersprache des Hundes bekommen können und die faszinierenden nonverbalen Mittel kennenlernen und verstehen, gehen wir in diesem Kapitel auf die Gefühle, Emotionen und Ausdrucksweisen des Hundes ein. Wir beschreiben, wie genau der Hund in bestimmten Situationen Körpersprache einsetzt und wie Sie diese lesen und deuten kannst.

Lernen Sie in diesem Kapitel die hündische Sprache genauer kennen und vertiefen Sie Ihr Wissen. Sie werden sehen, dass auch Ihr Hund seine Haltung, seine Bewegung, seinen Gesichtsausdruck, seine Lautäußerung und seinen Körper einsetzt, um mit Ihnen und anderen Vierbeinern zu kommunizieren.

In diesem Kapitel arbeiten wir nicht nur mit ausdrucksstarken Bildern, welche verschiedene körpersprachlichen Elemente beschreiben, sondern auch mit zahlreichen Videos, die Ihnen verschiedene Situationen zeigen und die Körpersprache verdeutlichen. Zusätzlich beschreiben wir Ihnen vereinzelt Situationen, welche die Körpersprache nochmals untermauern sollen. In einigen Fällen bieten wir Ihnen zusätzliche Lösungsansätze, wie Sie in bestimmten Situationen handeln oder trainieren können. Jeder Hund ist jedoch individuell zu sehen. Die Lösungsansätze stammen aus unserer eigenen Erfahrung mit unseren beiden Hunden und sind keine Garantie, für jeden Hund.

## AUFREGUNG UND ERREGUNG

Aufregung und Erregung (Feddersen-Petersen 2008) können in verschiedenen Situationen (Esser 2016) auftreten und durch unterschiedliche Reize ausgelöst werden. Hunde können diese Emotionen physisch und psychisch zeigen.

Physisch zeigt ein Hund Aufregung, in dem er unruhig ist, zittert, seinen Schwanz und seine Ohren anspannt, sich viel bewegt oder bellt. In diesen Situationen kann der Hund sogar seinen gesamten Körper anspannen und in eine Verteidigungs- oder sogar Angriffsposition gehen. Schnelles Schwanzwedeln und schnelle Atemzüge sind ebenfalls ein Zeichen für starke Aufregung.

Auf diese Weise betrachtet ist der Hund ängstlich oder nervös. Eine bestimmte Situation bringt ihn durcheinander und lässt ihn aufgeregt sein. Aufregung kann bei einem Hund aber auch auftreten, wenn er glücklich ist oder sich auf etwas ganz besonders freut. Etwa, wenn es nach draußen zum Gassi geht.

Hunde können auf verschiedene Art und Weise Aufregung und Erregung zeigen.

**In der Regel gehören die folgenden Signale dazu:**

- erhöhte Atemfrequenz, schnelles Hecheln
- Zucken oder Zittern des eigenen Körpers
- Angespannte Muskulatur, angespannte Körperhaltung
- ständiges Wedeln mit der Rute (häufig sogar steifes Halten der Rute)
- Fixierung eines bestimmten Reizes
- häufiges Schlucken oder Lecken der Schnauze
- Knurren, hohes Bellen

Es gibt viele Situationen, in denen die Aufregung und Erregung eindeutig erkennbar ist. Auch darauf möchten wir erneut eingehen:

**Erhöhte Körperspannung:** Zeigt Ihr Hund Aufregung und Erregung, ist dies ebenso an der Körperspannung zu erkennen. Der Körper des Hundes wird steifer, die Muskeln sind klar angespannt und die Rute versteift sich.

**Schnelle Herzfrequenz:** die Herzfrequenz Ihres Hundes wird schneller. Manchmal können Sie dies sogar deutlich aufgrund des sichtbar, wackelnden Brustkorbes erkennen.

**Starkes Hecheln:** Hunden fangen bei Aufregung und Erregung stark an zu hecheln. Dadurch bauen Sie Stress ab.

**Ständiges Umherlaufen oder Zappeln:** Aufregte Hunde laufen ständig umher oder zappeln. Ein solches Verhalten erkennen Sie genau dann, wenn der Vierbeiner es nicht schafft, seine überschüssige Energie zu verarbeiten.

**Bellen oder Jaulen:** Hunde nutzen außerdem Lautäußerungen, wie Bellen und Jaulen, um ihre Aufregung und Erregung ausdrücken zu wollen.

Für den Hund handelt es sich dabei um eine natürliche Verhaltensweise, die Hundehalter im Alltag immer wieder sehen. Neue Umgebungen, aufregende Gassirunden, verschiedene äußere Reize und Geräusche sorgen schnell dafür, dass der Hund nicht mehr aufmerksam ist und Aufregung und Erregung zeigt. In solchen Situationen legen Hunde ihren Fokus und ihre Aufmerksamkeit häufig nicht auf ihre Halter, sondern auf andere Reize.

Doch nicht nur in der Art und Weise kann ein Hund Aufregung und Erregung zeigen. Wie schon erwähnt, kann eine solche Emotion die Folge von ängstlichem Verhalten sein, bei dem der Hund sogar in eine Verteidigungs- oder Angriffsposition geht.

Ein gutes Beispiel dafür ist der Tierarztbesuch, der bei vielen Hundehaltern zur Tortur wird. In solchen Situationen zeigen viele Hunde Aufregung oder Erregung, die auf Ängstlichkeit zurückzuführen ist.

*<u>Wichtig</u>: Häufig können Aufregung/Erregung und Angst nicht eindeutig getrennt werden. Besonders aus psychischer Sicht zeigt sich, dass Aufregung und Erregung ein Zeichen von Angst sein können.*

Aufregung zeigt sich außerdem in alltäglichen Routinen. In diesem Video ist die Aufregung und Erregung eindeutig vor dem Fressen zu erkennen. Der Hund heißt Kalle und ist sichtlich aufgeregt, endlich seine Mahlzeit zu bekommen. Er zeigt eine angespannte Körperhaltung und wedelt durchgehend mit der Rute. Zwischendurch gähnt und streckt er sich sogar, was als Übersprungshandlung zu deuten ist. Er richtet seinen Blick auf sein Frauchen, die das Fressen zubereitet und fixiert diese in der Situation regelrecht.

# FREUDE

Hunde zeigen Freude in verschiedenen Situationen und auf unterschiedliche Art und Weise. Glückliche Hunde haben eine aufrechte Körperhaltung, stellen ihre Rute und ihre Ohren auf und zeigen sogar eine freundliche Mimik. Viele Hundehalter sagen, dass ihr Vierbeiner sogar lächelt, wenn er Freude zeigt. Freude können Hunde auch ausdrücken, in dem sie ihren Kopf senken, die Vorderbeine aufsetzen und mit dem Schwanz wedeln (Esser 2016). Oftmals wird die Körpersprache von Lautäußerungen, wie Bellen, Quietschen oder Jaulen begleitet. Unser Zweithund, ein Eurasier, legt die Ohren immer an und wedelt mit der Rute, wenn er sich freut

**Folgende Signale zeigt der Hund bei Freude:**

- Schwanzwedeln
- lebhaftes, fröhliches Bellen
- wackeln mit der Hüfte
- umherspringen, auf- und abspringen
- Hochklettern am Hundehalter (kein Springen)
- Entspannte Gesichtszüge
- typisches Hundegrinsen, fröhliche Mimik

Außerdem werden folgende körpersprachlichen Signale deutlich, die für uns Hundehalter gut erkennbar sind:

**Er wedelt mit der Rute:** Das Rute wedeln ist ein klassisches Zeichen für Freude bei Hunden. Die Rute wird dabei hochgehalten und wedelt. Damit zeigt der Hund Freude und Begeisterung, aber auch Aufregung.

**Er wackelt mit der Hüfte:** Ein freudiger Hund wackelt häufig mit der Hüfte. Die einen mehr, die anderen weniger. In unserem Kurzvideo ist das Wackeln mit der Hüfte deutlich zu erkennen.

**Er leckt zur Begrüßung:** Ebenfalls als Freude zu definieren, ist das Anlecken bei einer Begrüßung. Damit zeigt Ihr Hund seine Freude und Begeisterung und möchte seine Zuneigung ausdrücken.

**Er hüpft umher:** Einige Hunde, die besonders große Freude und Erregung zeigen, hüpfen umher und drücken damit ihre volle Begeisterung aus.

**Er bellt und jault:** Um seine Freude und Begeisterung noch mehr zu verdeutlichen, bellen oder jaulen einige Hunde.

Um die Körpersprache eines Hundes bei Freude und Begeisterung zu verdeutlichen, haben wir ein Kurzvideo erstellt. Auf diesem ist unser Hund Richy zu sehen, der sich freut, dass jemand nach Hause kommt.

# ANGST

Angst ist eine Emotion, die bei Hunden unterschiedliche, körpersprachliche Signale zeigt. Ängstliche Hunde versuchen sich oftmals kleinzumachen und zeigen dies deutlich in ihrer Körpersprache. Hunde zeigen verschiedene deutliche Signale, wenn Sie Angst haben, die von einer Vermeidung des Blickkontakts bis hin zu Knurren und bellen gehen.

**Folgende Signale zeigt ein Hund bei Angst:**

- Vermeidung von Blickkontakt
- Zurückweichen, zurückgezogene Ohren
- Angespannte Körperhaltung
- gesenkter Kopf, gesenkter Körper
- übermäßiges Hecheln und Speicheln
- schütteln und zittern
- Bellen, Jaulen und Knurren

Es müssen nicht alle aufgeführten Anzeichen bei Angst (Hallgren und Lehari 2011) gezeigt werden. Häufig treten die Punkte nur einzeln auf. Je nach Hunderasse, Persönlichkeit und Situation zeigen Hunde ihre Angst anders. Wichtig ist daher auf den Hund als Individuum zu achten und die Anzeichen richtig zu deuten.

**Abbildung 27:** Der Hund zeigt ein deutliches Zeichen von Angst. Er versucht sich kleiner zu machen und weicht eindeutig von der Situation zurück.

Ängstliche Hunde zeigen eine deutliche Körperhaltung. Sie senken ihren Kopf, ziehen die Ohren zurück und klemmen ihren Schwanz ein. Hunde versuchen sich in diesen Situationen oftmals kleinzumachen, um nicht entdeckt zu werden. In der Regel vermeiden die Hunde gezielte Konfrontationen, laufen weg oder verstecken sich.

Ihre Atmung wird flach und schnell. Bei einer besonders großen Angst kann es sogar passieren, dass der Hund hyperventiliert. Viele Hunde zittern oder zeigen sich aggressiv, um ihr Verhalten zu verteidigen.

Hunde können ihre Angst unterschiedlich zeigen. Es gibt Vierbeiner, die sich an ihren Halter kuscheln und sich beruhigen lassen. Andere wiederum verstecken sich sofort und zittern stark am ganzen Körper.

In diesem Video ist die Angst und Unsicherheit des Rüden in der Mitte deutlich zu erkennen. Der helle Eurasier Rüde zeigt deutliches Dominanzverhalten. Sein Bruder, der rechte, etwas größere Rüde lässt sich mitreißen. Der Rüde in der Mitte zieht seine Rute deutlich ein, bellt und beißt die anderen beiden Hunde weg, um seine Angst und Unsicherheit zu signalisieren. Am Ende bleibt er angespannt stehen. Durch einen Abruf unsererseits und seitens des Halters der beiden Brüderhunde konnten wir die Situation auflösen.

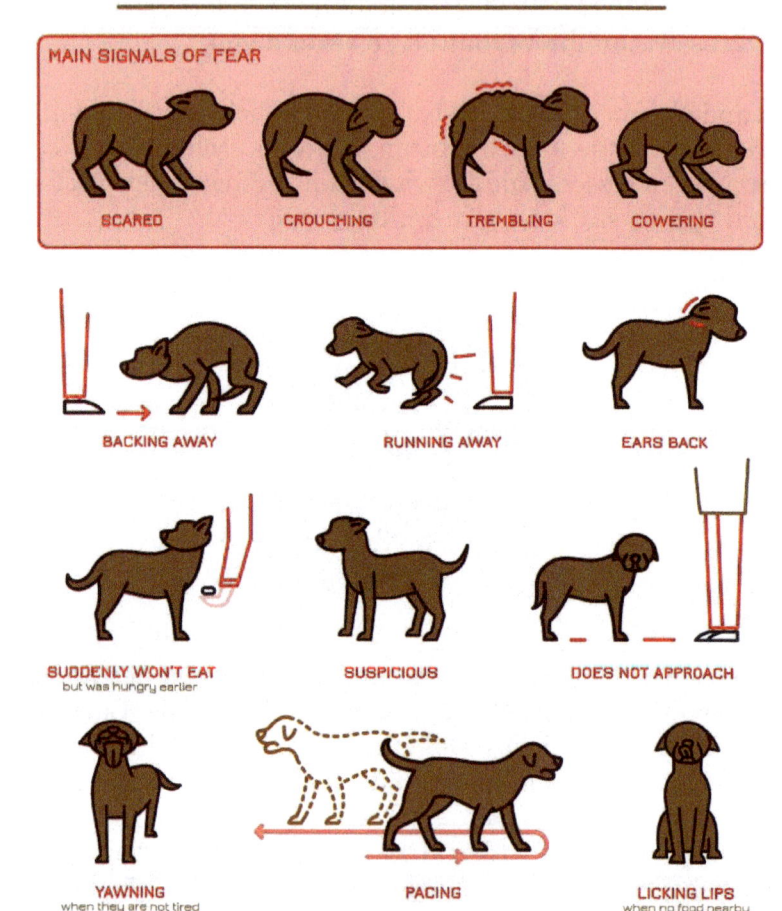

Abbildung 28: Anhand dieser körpersprachlichen Signale lässt sich Angst gut erkennen

## STRESS

Stress kann bei Hunden aufgrund verschiedener Faktoren ausgelöst werden. Schmerzen, Angst, Überforderung oder sogar Unterforderung können Stress beim Hund (Gansloßer und Krivy 2021) auslösen. Welche Anzeichen der Hund bei Stress zeigt, ist bei jedem individuell zu sehen und hängen auch von individuellen Faktoren ab. Gestresste Hunde sind oftmals unruhig, hecheln viel oder jaulen. Doch auch hochgezogene Mundwinkel, eine verkrampfte Körperhaltung und eine erhöhte Herzfrequenz können ebenfalls auf Stress hindeuten.

Häufig werden die Stresssignale eines Hundes (Hallgren und Lehari 2011) missverstanden. Aufgrund dessen ist es umso wichtiger, diese bei seinem eigenen Hund zu erkennen und ihm in solchen Situationen zu helfen.

**Typische Stresssignale beim Hund:**

- starkes Hecheln
- zurückgezogene Lefzen
- angespannte Zunge (ähnelt einer Spatenform)
- große Augen, erweiterte Pupillen
- vermehrtes Lecken oder Kratzen
- angelegte, zurückgelegte Ohren
- Verweigerung von Nahrung in einer Stresssituation
- unruhiges Verhalten
- haaren, Fell verlieren
- plötzliches Urinieren und Entleeren
- Grimasse ziehen (ähnlich wie ein Clownsgesicht)
- Erbrechen
- rote Augen

Neben den Anzeichen für Stress beim Hund, sind auch die Auslöser individuell zu betrachten. Einige Hunde haben Stress bei einer Hundebegegnung, andere wiederum bei Schmerzen. Auch zu langes und wildes Spielen können zu klassischen Stresssignalen führen. Doch auch die Pubertät bei einem Rüden kann Stress auslösen.

Weitere Anzeichen für Stress beim Hund können wie folgt aussehen:

**Verändertes Schlafverhalten:** gestresste Hunde schlafen schlecht, finden schwerer zur Ruhe und schaffen es kaum einzuschlafen.

**Körperliche Auffälligkeiten:** Zeigt ein Hund Stress, sabbert er übermäßig, hechelt oder zittert.

**Ungewöhnliche Lautäußerungen:** Es kann vorkommen, dass der Hund ungewöhnliche Laute von sich gibt. Ein leises oder lautes Winseln, Bellen oder Jaulen sind nicht selten.

**Veränderter Appetit:** Hunde, die dauerhaft gestresst sind oder sich in einer stressigen Situation befinden, verweigern die Nahrungsaufnahme. Sie haben deutlich weniger Hunger und verlieren manchmal vollständig den Appetit.

**Veränderte Körperhaltung:** Die Körperhaltung kann sich bei Stress ebenfalls verändern. Der Hund senkt seinen Kopf oder krümmt sogar seinen Rücken. Einige Hunde klemmen die Rute zwischen ihr Beine.

Es ist wichtig, zu erkennen, warum der Hund gestresst ist. Danach können Sie entscheiden, wie Sie mit ihrem Hund arbeiten. Jedes Verhalten ist dabei individuell zu betrachten.

Im nächsten Video ist unser Hund Tommy zu sehen, der Angst vor Gewitter hat und anschließend ziemlich gestresst ist. Er signalisiert die stressige Situation mit starkem Hecheln, unruhigem Verhalten, roten Augen und einer ängstlichen, gestressten Mimik. Mit einem kontinuierlichen und individuellen Training lässt sich nicht nur die Angst regulieren, sondern auch der Stresspegel.

Dieses Video wurde bei einem Gewitter gefilmt. Unser Hund hat in der Pubertät starke Angst vor Gewitter entwickelt. Vor einiger Zeit ist er noch nervös hin- und hergelaufen. Mittlerweile lässt er sich beruhigen, jedoch ist deutlich zu erkennen, dass er gestresst ist und Angst hat. Er hechelt stark, ist unruhig und hat rote Augen.

# IMPONIEREN

Imponieren gehört zu den Verhaltensweisen, die Hunde gegenüber andern Hunden, aber auch Menschen zeigen. Durch das Imponierverhalten (Handelman 2010) demonstrieren sie Dominanz und Stärke. Hunde machen sich groß, stellen die Haare auf oder ziehen ihre Lefzen hoch. Es kann vorkommen, dass der Hund bellt oder knurrt. Teilweise ist ein Imponieren als aggressives Verhalten zu deuten, besonders dann, wenn der Hund bedroht wird oder sich selbst unsicher fühlt.

Oftmals zeigen Hunde ihr Imponiergehabe mit einer aufrechten Körperhaltung und einer erhobenen Rute. Es scheint, als versucht sich der Hund in diesen Momenten größer und breiter zu machen. Er stellt sein Fell auf und spannt die Muskeln an. Zähne zeigen, Bellen und Knurren können ebenfalls auftreten.

Anhand folgender Signale ist ein Imponierverhalten beim Hund erkennbar:

- aufrechte Körperhaltung
- steif im Stand, steifes Stehen
- Starren
- steifes Wedeln der Rute
- dominante Körperhaltung
- aufgestellte Nackenhaare (größer machen)
- Markieren
- Bellen oder knurren
- Kampfposen

Das Imponierverhalten ist besonders bei Rüden gut zu erkennen. Häufig wird dieses jedoch mit Dominanz verwechselt. Es ist wichtig zu verstehen, dass Imponieren und Dominanz unterschiedliche Punkte sind.

Das Imponierverhalten eines Hundes bezieht sich auf das Verhalten im Allgemeinen. Mit seinem Verhalten versucht der Hund sich stark, selbstbewusst und imposant darzustellen. Mit diesem Verhalten möchte der Hund seinem Gegenüber den eigenen Status demonstrieren und diesen betonen. Ein solches Verhalten tritt nicht nur bei selbstbewussten Hunden auf, sondern auch bei unsicheren Vierbeinern, die Konflikte vermeiden wollen.

Das Dominanzverhalten hingegen bezieht sich vielmehr auf die Beziehung und die Hierarchie zwischen Hunden. Hunde, die bspw. Ressourcen verteidigen oder Entscheidungen für andere Hunde treffen, werden als dominant bezeichnet. Ein solches Verhalten kann aggressiv sein, muss es aber nicht.

Häufig entsteht bei diesen beiden Verhaltensmustern Verwirrung, da einige Formen des Imponierverhaltens mit dominantem Verhalten gekoppelt ist. Imponieren heißt jedoch nicht dominieren.

# DOMINANZ

Dominanz bei Hunden (Feddersen-Petersen 2008) bezieht sich auf das Verhalten gegenüber Menschen oder anderen Hunden. Mit diesem Verhalten beabsichtigen Hunde ihre Führungsposition einzunehmen und klarstellen. Ein solches Verhalten ist nicht verwerflich. Schließlich handelt es sich um ein völlig normales und natürliches Verhaltensmerkmal bei Hunden, die in Rudeln leben. In bestimmten Situationen, wie bspw. bei der Nahrung oder bei Ressourcen, können Hunde ein deutliches Dominanzverhalten zeigen.

Zeigt der Hund Dominanz, tritt er selbstbewusst und teilweise aggressiv auf. Er nutzt dafür seine volle Körpergröße und Körperhaltung und versucht dadurch andere zu dominieren. Dominante Hunde richten ihr Blick auf das Ziel, verlagern ihren Körper häufig nach vorn und unterstreichen dadurch ihre Autorität.

Folgende Signale zeigt ein Hund beim Dominanzverhalten:

- aufrechte Körperhaltung
- direkter Augenkontakt
- steife, gespannte Gesichtsmuskulatur
- häufiges, übertriebenes Markieren
- Knurren oder Bellen
- aufgeplustertes Fell
- aufgerichtete Rute
- legt seinen Kopf auf den anderen Hund
- Umstoßen, Anstupsen
- zeigt körperliche Überlegenheit
- ignoriert Signale
- aggressives Verhalten
- Aufreiten

Es wird deutlich, dass Dominanzverhalten bei Hunden durch verschiedene Körperhaltungen und Verhaltensweisen auftreten kann. Zeigt ein Hund ein solches Verhalten, heißt das noch lange nicht, dass es sich um einen dominanten Vierbeiner handelt. Dominantes Verhalten kann auf dem Hintergrund basieren, dass der Hund unsicher ist oder Angst hat.

[QR-Code]

In diesem Video ist Dominanzverhalten zwischen zwei Rüden zu erkennen. Es ist gut zu erkennen, dass der schwarze Hund den anderen dominieren möchte, in dem er immer wieder versucht aufzureiten. Der hellere Eurasier hingegen versucht ihn beim ersten Mal wegzubeißen und geht einfach weg, um der Situation aus dem Weg zu gehen.

[QR-Code]

Dominanzverhalten muss nicht aggressiv gemeint sein, sondern kann auch im Spiel vorkommen. In dem obigen Video ist das spielerische Dominanzverhalten gut zu erkennen.

# FLIRTEN

Flirten wird auch als Balzverhalten unter Hunden bezeichnet (Krauß und Maue 2021). Eine Verhaltensweise, die besonders in der Paarungszeit häufig zu sehen ist. Hunde flirten, um ihren potenziellen Partner anzuziehen und zu beeindrucken. Dafür legen sie ein besonderes Verhalten an den Tag, welches sich auf verschiedene Weise äußern kann. Oftmals zeigen Hunde dies, indem sie gleich mehrere körpersprachliche Elemente miteinander verknüpfen. Das Wedeln mit der Rute, eine Spielaufforderung, der gesenkte Vorderkopf und die besonderen Lautäußerungen, die einem Winseln ähneln, treten beim Flirten unter Hunden auf. Einige Vierbeiner scharren mit den Läufen auf dem Boden, andere halten direkten Blickkontakt.

Grundsätzlich kann das Flirten eines Rüden oder einer Hündin ausgehen. Es dient in der Regel dazu, um eine Bindung zwischen den beiden aufzubauen.

Folgende Signale zeigen Hunde beim Flirten:

- klassische Spielhaltung
- wackelnde Rute
- aufgestützte Vorderpfoten
- kurzzeitiges Anrempeln
- schnelle Bewegungen
- offener Blick
- nach vorne gerichtete Ohren (Interesse, Neugierde)
- Gesichtslecken
- Sprünge oder Hüpfer

Hunde, die flirten können, außerdem folgende Körpersprache zeigen:

**Das Anheben der Rute:** Hunde heben beim Flirten ihre Rute an. Dadurch signalisieren sie nicht nur Aufregung, sondern auch Interesse dem anderen Hund gegenüber.

**Das Wedeln mit der Rute:** Freundliche und interessierte Hunde wedeln langsam und entspannt mit ihrer Rute. Dieses Verhalten ist auch beim Flirten häufig zu erkennen.

**Eindeutige Spielaufforderung**: Die Hunde gehen mit einer Spielaufforderung eindeutig aufeinander zu, beschnüffeln sich gegenseitig und tollen gemeinsam herum.

**Die Ohrenstellung:** Die meisten Hunde legen ihre Ohren aufmerksam nach vorn. Dies kann bei vielen Vierbeinern bereits ein erstes Anzeichen zum Flirten sein.

**Die Körperhaltung:** Beim Flirten haben viele Hunde eine offene und aufrechte Körperhaltung.

# AGGRESSION

Fühlt sich ein Hund bedroht oder gestresst, erwidert er ein solches Verhalten mit Aggression (Feddersen-Petersen 2008). Es ist vorwegzunehmen, dass Aggression in der Körpersprache nicht immer etwas mit Boshaftigkeit zu tun hat. Ein Hund, der sich aggressiv zeigt, ist nicht grundlegend böse. In einigen, bestimmten Situationen handelt es sich sogar um ein normales Verhalten. Beispielsweise, wenn sich der Hund in die Ecke gedrängt fühlt oder Schmerzen hat.

Die nachfolgenden Gründe können ebenfalls Aggressionen bei Hunden auslösen:

**Die Verteidigung des eigenen Territoriums:** Fühlt sich ein Hund in seinem Territorium bedroht oder möchte seine Ressourcen verteidigen, kann er das mit Aggressionen deutlich machen.

**Unsicherheit und Angst:** Einige Hunde reagieren mit Aggressionen, wenn sie Angst haben oder sich unsicher fühlen. Besonders in Situationen, die der Hund als bedrohlich empfindet, können ein Auslöser dafür sein.

**Unwohlsein und Schmerzen:** Hunde, die Schmerzen haben oder die sich unwohl fühlen, reagieren häufig mit Aggressionen, wenn bspw. jemand zu nahe kommt oder ihn einfach berührt.

**Verteidigung der Ressourcen:** Hunde, die ihre Ressourcen, wie etwa Spielzeug, Futter oder Liegeplätze verteidigen, reagieren aggressiv, wenn ein anderer Hund diese einnehmen möchte.

**Frustration**: Frustration tritt bei Hunden auf, wenn sie etwas nicht erreichen oder nicht mehr mit der Umwelt interagieren können. Ein Auslöser, der ebenfalls zu Aggressionen führen kann.

**Schutz des Nachwuchses:** Hündinnen beschützen ihren Nachwuchs. Muttertiere können aggressiv werden, wenn sich fremde Hunde ihren Welpen nähern, um sie zu schützen.

**Unangemessene Sozialisierung**: Hunde, die nicht angemessen sozialisiert sind, können aggressives Verhalten an den Tag legen.

**Überstimulation**: Hat der Hund zu viel Aufregung, kann es zu einer Überstimulation und zu einer Überreaktion kommen, die mit einem aggressiven Verhalten gekoppelt ist.

Es ist wichtig, zu verstehen, in welcher Situation der Hund aggressiv reagiert. Schließlich handelt es sich um eine komplexe Reaktion, die auf die unterschiedlichsten Faktoren zurückzuführen ist. Wer nicht weiß, warum sein Hund aggressiv reagiert, sollte sich immer professionelle Unterstützung suchen.

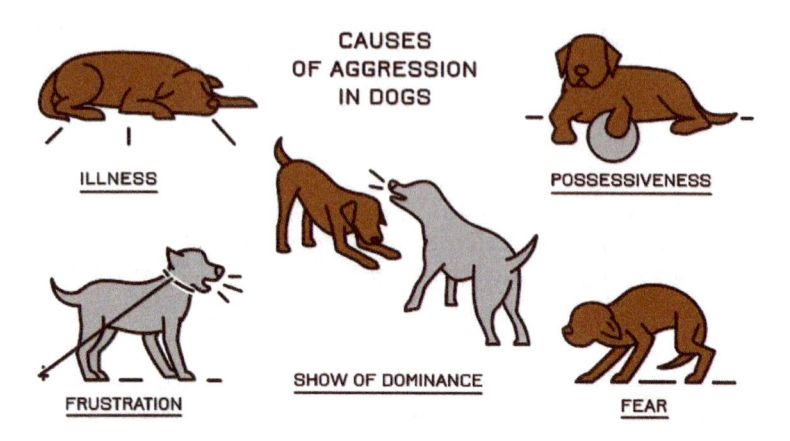

**Abbildung 29:** Ein Hund kann aus verschiedenen Gründen Aggression zeigen

Mit seiner Körpersprache macht der Hund aggressives Verhalten sehr stark deutlich. Folgende Signale treffen darauf zu:

- versteifte Körperhaltung
- Starren, Fixieren
- aufgerichtete Rute
- Zeigen der Zähne
- Knurren
- Aufstellen der Haare, versteifte Ohren
- Schnappen
- angespanntes Gesicht

Das Verhalten des Hundes bei Aggressionen ist, wie bereits erwähnt, deutlich zu erkennen. In der Regel wird die Körperhaltung von Lautäußerungen begleitet. Ein lautes Knurren ist nicht selten. Zähne fletschen, anstarren und das Aufstellen der Haare gehören ebenfalls mit dazu. Kommt das Gegenüber dem Hund dann zu nah kann es passieren, dass dieser schnappt oder sogar beißt.

Abbildung 30: Aggressionen an der Leine sind bei Hunden nicht selten

## SPIELBEREITSCHAFT

Spielen gehört bei Hunden zu den grundlegenden Aktivitäten und ist nicht nur ein reines Vergnügen für unsere Vierbeiner. Schließlich fördert das Spielen die geistige, körperliche und emotionale Gesundheit des Hundes. Daher ist die Spielbereitschaft eines Hundes (Käufer 2011) ein wichtiger Indikator für das Wohlbefinden und kann sich außerdem auf eine positive Bindung zwischen Mensch und Hund auswirken.

Abbildung 31: Hund (links) zeigt klassische Spielaufforderung

Hunde können ihren Wunsch zum Spielen genauso mit ihrer Körpersprache und ihren Lautäußerungen kommunizieren, wie andere Emotionen oder Wünsche auch.

Die Spielbereitschaft oder Spielaufforderung (Wardeck-Mohr 2016) kommunizieren Hunde mit folgenden Signalen:

- klassisches Schwanzwedeln
- der Spielbogen
- Bellen, Quietschen oder Brummen
- vorwärts und rückwärtslaufen
- Pfoten schlagen
- Anstupsen
- schnelles Umherbewegen
- Augenkontakt
- auffordernde Körperhaltung
- Anbieten eines Spielzeugs
- Lefzen lecken (Vorfreude zeigen)

Hunde können auf unterschiedliche Art und Weise kommunizieren, dass sie spielen wollen. Nicht nur mit anderen Hunden und Tieren, sondern auch gegenüber ihrem Menschen.

Eine klare Spielaufforderung zeigen Hunde in der Regel durch den klassischen Spielbogen, indem sie ihren Oberkörper tief und schräg halten. Der Kopf ist ebenfalls gesenkt. Oftmals wird eine Spielaufforderung von Lautäußerungen wie Bellen und Quietschen begleitet.

Hunde, die andere zum Spielen auffordern wollen, sind generell etwas aufgeregter und zeigen einen erwartungsvollen Körperausdruck. Sie suchen gezielt den Kontakt, rennen einfach los oder kratzen sogar mit der Vorderpfote.

Spielen zwischen Hund und Mensch ebenfalls. Von Apportierspielen, über Zerrspiele, Intelligenzspiele oder Suchspiele haben Hundebesitzer viele Möglichkeiten, um mit ihren Hunden zu interagieren.

Das Spiel an sich kann unterschiedlich aussehen. Damit Sie ein Bild bekommen, wie Hunde untereinander spielen, haben wir einige Videos gedreht, in denen das Spielverhalten deutlich wird.

Dieses Video zeigt unsere zwei Rüden, die im Garten ausgiebig spielen. Mal spielen sie mit ihren Fängen, mal jagen sie sich gegenseitig.

In diesem Video toben unsere beiden Rüden in unserer Wohnung. Auch in diesem Spiel setzen beide wieder ihren Fang ein. Zwischen unseren Rüden herrscht volles Vertrauen, auch wenn das Spielen unter ihnen gelegentlich gefährlicher aussieht, als es ist.

Das nachfolgende Video wollten wir Ihnen nicht vorenthalten. Es zeigt zwei Dalmatiner, die liebevoll miteinander spielen.

## UNSICHERHEIT

Unsicherheit (Wilde 2008) wird häufig mit Angst verwechselt. Je nach Situation und Hund können die Anzeichen für Unsicherheit individuell sein. In der Körpersprache zeigen sich häufig die folgenden Signale:

- gesenkte Kopfhaltung
- Blickkontakt wird vermieden
- Zurückweichen
- eingeklemmte Rute
- vermehrter Hecheln
- Gähnen
- Lefzen lecken
- nach hinten gezogene Ohren
- ständiges Schütteln oder Kratzen
- Bewegungen verlangsamen sich

Es ist klar zu erkennen, dass die Körpersprache eines unsicheren Hundes, der eines ängstlichen Hundes ähnelt. Um die Signale deuten zu können, ist es wichtig, auf die individuelle Gesamtsituation und den Hund selbst zu achten. Es gibt schließlich verschiedene Gründe, warum ein Hund Unsicherheit zeigt. Dies können etwa äußerliche Umstände sein, aber auch individuelle Merkmale oder sogar Lebenserfahrungen. Um einordnen zu können, welche Gründe hinter Unsicherheit bei Hunden stecken, möchten wir auch auf diese eingehen:

**Die mangelnde Sozialisierung:** Hunde, die nicht besonders gut sozialisiert sind und ihre Umwelt nicht ausreichend kennenlernen durften, sind häufig unsicher. Besonders unbekannte Menschen, Tiere oder Situationen lösen die Unsicherheit aus.

**Negative Erfahrungen:** Negative, traumatische und schlechte Erfahrungen rufen ebenfalls Unsicherheit bei Hunden hervor. Häufig reagieren die Tiere in bestimmten Situationen unsicher.

**Neue Umgebungen:** Ein Wechsel des Ortes oder der Umgebung ist ebenfalls ein Auslöser für Unsicherheit bei Hunden. In diesen Momenten oder genau an diesen Orten fühlen sie sich weder sicher noch wohl und zeigen dies deutlich mit Unsicherheit.

**Laute Geräusche:** Geräusche, die der Hund bisher nicht kennt und die sehr laut sind, können Unsicherheit hervorrufen.

**Trennung oder Verlust:** Die Trennung von einer Bezugsperson oder der Verlust können nicht nur Trauer bei Hunden hervorrufen, sondern auch Unsicherheit und Angst.

**Überforderung:** Hunde neigen auch dazu, unsicher zu sein, wenn sie in bestimmten Situationen überfordert sind. Gründe dafür können ein Umzug sein, aber auch ein geänderter Tagesablauf oder neue Familienmitglieder.

Unsicherheiten gehören zum normalen Verhalten eines Hundes. Als Hundehalter ist es wichtig, geduldig, behutsam und einfühlsam mit seinem Vierbeiner umzugehen. Mit positiven Erfahrungen, ausreichend Sozialisierung und einer liebevollen Erziehung ist es möglich, dem Hund die Unsicherheit zu nehmen.

Dieses Video ist bereits in dem Kapitel Angst zu sehen. Trotzdem möchten wir erneut auf die Körpersprache des Rüden in der Mitte eingehen, der seine Rute aus Angst und Unsicherheit in der Situation eingezogen hat. Dieser Rüde und der Eurasier hatten schon einmal eine kleine Auseinandersetzung, sodass der Rüde mittig ihm ständig mit Unsicherheit entgegentritt.

# NEUGIERDE

Neugierde (Lindner 2015) gehört zu den typischen Verhaltensweisen von Hunden und ist bei den meisten Vierbeinern täglich zu beobachten. Diese kann sich äußern, wenn der Hund sich in einer neuen Umgebung befindet, wenn er neue Menschen oder Tiere kennenlernt oder wenn er Erfahrungen sammelt und die Welt erkunden möchte. Viele Vierbeiner sind schon von Geburt an sehr neugierig und zeigen dies deutlich in ihrer Körpersprache.

Hunde kommunizieren Neugierde auf unterschiedliche Art und Weise. Eine erhöhte Aufmerksamkeit und Interaktion gegenüber der eigenen Umgebung werden in solchen Momenten deutlich. Eine natürliche Neugierde ist gesund und ermöglicht dem Hund, seine Umwelt zu erkunden und zu verstehen.

Folgende Anzeichen können auf Neugierde bei Hunden hinweisen:

- aufrechte Körperhaltung
- vorsichtiges Herantasten
- eingezogene Ohren
- erschnüffeln
- anstarren
- schnuppern oder lecken
- aufmerksames Beobachten
- großes Interesse zeigen
- explosivartiges Verhalten

Es gibt verschiedene Situationen und Momente, in denen Hunde Neugierde zeigen. Die einen mehr, die anderen weniger. Häufig handelt es sich um Situationen, die den natürlichen Instinkt des Hundes wecken. Dabei erkunden sie nicht nur ihre Umgebung, sondern sammeln zahlreiche Informationen.

In folgenden Situationen können Hunde Neugierde zeigen:

**Neue Umgebungen und neue Gerüche:** Ein häufiger Grund, warum Hunde Neugierde zeigen, ist eine neue Umgebung und die damit verbundenen, neuen Gerüche. Es ist bekannt, dass Hunde einen ausgeprägten Geruchssinn haben, der ständig ihre Neugierde weckt.

**Außergewöhnliche Objekte:** Ein neu platziertes Objekt, ob Spielzeug oder sogar ein Stuhl im Garten, kann die Neugierde eines Hundes wecken. Sie zeigen ihre Neugierde, indem sie die neuen Objekte oder Tiere beschnuppern und ihre Nase einsetzen.

**Neue Geräusche**: Genauso wie neue und unbekannte Objekte können Geräusche, die Neugierde und das Interesse eines Hundes wecken. Geräusche, die Hunde nicht kennen, bekommen eine erhöhte Aufmerksamkeit. Diese zeigen Vierbeiner, indem sie in die Richtung des Geräusches schauen oder versuchen diese zu lokalisieren.

**Neue Spielzeuge:** Neugierde zeigt sich auch, wenn der Hund ein neues Spiel oder neues Spielzeug entdecken kann.

Die Liste, wann Hunde Neugierde zeigen, lässt sich noch um einiges erweitern. Die oben genannten Punkte sollten als Beispiele dienen, um ein Gefühl zu bekommen, wann Hunde Neugierde zeigen können.

Neugierde zeigt ein normales und gesundes Verhalten eines jeden Hundes. Das Erkunden von einer neuen Umgebung, das Beschnuppern neuer Tiere oder Objekte und das Sammeln der eigenen Erfahrungen können mit dem Gefühl der Neugierde in Verbindung gebracht werden. Hunde brauchen eine gesunde Neugierde, um ihren Geist zu fördern und durch neue Interaktionen und gemeinsame Abenteuer die Bindung zu stärken.

Abbildung 32: Neugieriger Hund schaut Richtung Wasser und beobachtet aufmerksam

## EIFERSUCHT

Hunde sind in der Lage, Eifersucht zu zeigen. Häufig tritt dieses Gefühl auf, wenn sie merken, dass sie nicht mehr die volle Aufmerksamkeit von ihrem Halter bekommen. Eifersucht kann entstehen, weil ein neuer Mensch oder Hund im Leben ist, aber auch, wenn die Ressourcen nicht mehr vom Hund allein genutzt werden dürfen. Es gibt viele Situationen, in denen Hunde deutliche Signale von Eifersucht in ihrer Körpersprache zeigen.

- Lautäußerungen, wie Bellen und winseln
- deutlich Suche nach Aufmerksamkeit
- forderndes Verhalten (bspw. Pfote geben)
- angespannte Muskulatur
- veränderter Gesichtsausdruck
- lautes jaulen
- aggressives Verhalten

Hunde senden verschiedene Signale, um ihre Eifersucht klar und deutlich zu machen. Mithilfe von Lautäußerungen, wie etwa Bellen, winseln oder jaulen möchte ein Hund auf sich aufmerksam machen und sein Unbehagen zeigen. Typisches eifersüchtiges Verhalten zeigt sich, wenn der Hund sich zwischen dem Halter und dem neuen Tier oder anderen Menschen drängt. Er schiebt sich regelrecht in die richtige Position, um zu signalisieren, dass er die volle Aufmerksamkeit wünscht. Genauso sind körperliche Annäherungen oder forderndes Verhalten ein klares Signal. Dabei kann es sogar vorkommen, dass die Muskulatur des Hundes vollkommen angespannt ist und er nervös hin und her läuft.

Gerade bei einem solchen Verhalten ist es wichtig, dass der Hundehalter einfühlsam gegenüber seinem Hund ist und angemessen auf das Verhalten reagiert. Zudem ist es möglich dem Hund zu signalisieren, dass er seine Ressourcen nicht verliert.

Um zu verdeutlichen, wann Eifersucht bei Hunden auftreten kann, haben wir typische Situationen herausgesucht:

**Aufmerksamkeit**: Teilt ein Hundehalter seine Aufmerksamkeit mit einem anderen Hund, Tier oder Menschen, kann es zur Eifersucht kommen. Der Hund winselt, bellt oder jault und versucht sich zwischen seinen Halter und dem anderen Menschen oder Tier zu drängen.

**Futter**: Ein weiterer Grund für Eifersucht kann Futter sein. Leben bspw. zwei Hunde im Haushalt und der eine bekommt Futter, der andere nicht, kann dies zur Eifersucht führen. Das Gleiche gilt für Spielzeug.

Es ist wichtig, zu verstehen, wann genau der Hund Eifersucht zeigt. Besonders bei Eifersucht in Hinblick auf Futter oder Spielzeug kann es schnell zu aggressivem Verhalten kommen, welches nicht ungefährlich ist. Besonders bei der Verteidigung von Ressourcen ist ein gezieltes Training wichtig.

## EKEL

Ekel ist ein unangenehmes und abstoßendes Gefühl, auch für einen Hund. Sie können auf bestimmte Substanzen, Lebensmittel oder Situationen mit Ekel reagieren. Hierbei handelt es sich um eine natürliche Reaktion, auf etwas Unangenehmes, was ebenfalls durch klare Körpersprache gezeigt wird.

- deutliches zurückziehen der Lefze
- zusammenziehen des Körpers
- Flehmen (Hund zieht die Oberlippe hoch und zeigt Zähne)
- kratzen, schütteln
- eindeutiges Abwenden
- brechen oder würgen
- starkes Hecheln
- Extremer Speichelfluss

Hunde zeigen Ekel in den unterschiedlichsten Situationen. Die Körpersprache ist nicht bei jedem Hund gleich. Es können die oben genannten Signale gleichzeitig oder einzeln auftreten. Um zu zeigen, wann Hunde ekel zeigen können, haben wir einige Situationen herausgesucht:

**Unangenehme und fremde Gerüche:** Hunde haben eine sehr empfindliche und gute Nase. Unangenehme oder besonders starke Gerüche können zu einer Ekel-Reaktion des Hundes führen.

**Ungenießbare Substanzen:** Einige Hunde sind in der Lage, giftige oder ungenießbare Substanzen zu riechen. Bereiten diese dem Vierbeiner Unbehagen, kann er klare Signale von Ekel zeigen.

**Unangenehme Berührungen:** Fühlt sich ein Hund unwohl oder kommt es zu einer unangenehmen Berührung, kann das bei einem Hund Ekel hervorrufen. Dazu gehören unangenehme Substanzen oder Texturen, wie Kleidung oder Stoffe.

**Aggressive Interaktionen mit anderen Hunden:** Eine Situation, die häufiger zu Ekel führt, sind aggressive Interaktionen mit anderen Artgenossen. Um seine Abneigung zu zeigen, kann ein Hund in diesen Situationen mit Ekel reagieren.

Ekel gehört zu den natürlichen Schutzreaktionen eines Hundes und hilft zugleich dabei, vor Gefahren zu schützen. Als Hundehalter ist es wichtig, auf die körpersprachlichen Signale von Ekel zu achten und die Situation korrekt zu deuten, damit der Hund sich nicht in einer gefährlichen oder unangenehmen Situation befindet. Tritt Ekel beim Hund öfter auf, ist es wichtig, die Situationen zu vermeiden.

## TRENNUNGSANGST

Trennungsangst ist vielen Hundebesitzern ein Begriff. Hunde zeigen ein solches Verhalten, wenn sie von ihren Besitzern getrennt sind. Die einen mehr, die anderen weniger. Besonders Hunde, die Angst haben, allein zu bleiben oder von ihrer Bezugsperson getrennt zu sein, zeigen ein solches Verhalten mit klaren, körpersprachlichen Signalen:

- Anhänglichkeit
- Bellen und winseln
- Unsauberkeit (urinieren, koten)
- Zerstörung
- Appetitverlust
- exzessives Kauen und Lecken bestimmter Körperstellen
- versuche, die Tür zu öffnen
- Unruhe, Angst

Doch was genau führt zu einer solchen Angst bzw. Trennungsangst? Es gibt verschiedene Gründe, warum Hunde mit einem solchen Verhalten reagieren. Wichtig ist herauszufinden, welche Ursache hinter der Trennungsangst steckt, da ein solches Verhalten nicht nur für den Halter Stress bedeutet, sondern auch für den Hund. Leidet der eigene Hund an Trennungsangst, die mit

eigenem Training nicht zu bewältigen ist, sollte ein Fachmann kontaktiert werden.
Folgende Situationen können zur Trennungsangst bei Hunden führen:

**Mangelnde Sozialisierung:** Hunde, die nicht frühzeitig oder ausreichend sozialisiert wurden, leiden häufiger unter Trennungsangst. Aber auch Hunde, die traumatische Erfahrungen gemacht haben, wie bspw. Tierschutzhunde, neigen dazu, eine starke Trennungsangst zu entwickeln.

**Veränderungen im Alltag:** Einige Hunde können nicht mit Veränderungen in der alltäglichen Routine umgehen. Ein Wechsel der Betreuungsperson oder sogar ein Umzug können Auslöser für Trennungsangst sein.

**Fehlende Sicherheit:** Unsichere Hunde, die keine sichere Bindung zu ihrem Besitzer haben, neigen ebenfalls dazu, eine Trennungsangst zu entwickeln.

**Frühere Trennungen:** Hunde, die in der Vergangenheit bereits mit Trennungen konfrontiert worden sind oder von ihrem Besitzer allein gelassen werden, entwickeln schneller eine Trennungsangst.

## TERRITORIALVERHALTEN

Haben Hunde das Gefühl, dass sich jemand Fremdes in ihrem Raum nähert oder eindringen möchte, zeigen sie mit ihrer Körpersprache klares Territorialverhalten (Lindner 2015). Mit diesem Verhalten möchten Hunde ihr Revier verteidigen und durch Lautäußerungen und Körpersprache deutlich machen, dass dies ihr Revier ist. Einige Hunde zeigen ein ausgeprägtes Territorialverhalten, andere wiederum nicht.

Folgende Signale zeigen Hunde bei Territorialverhalten:

- Knurren, Bellen
- erhobener Kopf, aufrechte Ohren
- zurückgezogene Lefzen
- aufgerichtete Rute
- Versperrung des Weges
- Gestreckte, aufrechte Körperhaltung

Es gibt viele Gründe, warum ein Hund ein solches Verhalten zeigt. Es kommt sogar vor, dass mehrere Hunde im Rudel, ihr Revier verteidigen und territoriales Verhalten in der Gruppe zeigen. Dazu haben wir ein Video auf einer Hundewiese gedreht, auf der territoriales Verhalten in der Gruppe deutlich zu erkennen ist.

Hunde können Territorialverhalten in folgenden Situationen zeigen:

**Unsicherheit/Angst:** Hunde, die sich bedroht fühlen, unsicher sind oder sich in einer neuen, ungewohnten Umgebung oder Situation befinden, können territorial werden.

**Schutz**: Hunde haben viele natürliche Instinkte, zu denen auch der eigene Schutz und der des Rudels gehören. Ihr natürlicher Instinkt liegt darin, das Territorium zu beschützen und die Ressourcen zu verteidigen.

**Rivalitäten**: Leben mehrere Hunde im Haushalt, kann es zu territorialen Konflikten kommen, wenn es um verschiedene Ressourcen, wie Futter oder Spielzeug geht.

**Beschützen der Familie:** Einige Hunde zeigen territoriales Verhalten, weil sie ihre Familie und ihr Umfeld beschützen wollen.

**Unerwünschte und fremde Besucher:** Eine häufige Situation, in der Territorialverhalten auftritt, sind fremde Menschen oder unerwünschte Besucher. Personen, die sich bspw. dem Grundstück nähern und unerwünscht sind, lösen ein solches Verhalten aus.

**Verteidigung des Territoriums**: Hunde, die sich in einem gemeinsamen Haushalt befinden oder auf einem gemeinsamen Territorium signalisieren fremden Hunden oder Menschen mit ihrer Körpersprache ihren Besitz.

Bellen und Knurren gehören mit zu den typischen Signalen, um den Fremden zu verscheuchen.

Dieses Kurzvideo zeigt eindeutiges Territorialverhalten im eigenen Garten. Die Rute ist aufgerichtet, die Körperhaltung gestreckt, Lautäußerungen werden kommuniziert.

In einer Gruppe von mehreren Hunden kann territoriales Verhalten ebenso auftreten und für eine unterschiedliche Dynamik und Ausdrucksform sorgen. In folgenden Situationen zeigt ein Hunderudel territoriales Verhalten:

**Beschützen der eigenen Gruppe:** Hunde können in einer Gruppe zusammenarbeiten, um ihre Familie und ihr Territorium zu beschützen. Gemeinsames Bellen oder Fokussieren auf eine bestimmte Situation zeigen dies deutlich an.

**Die Rangordnung:** In einer Gruppe von Hunden kann es eine klare Rangordnung geben. Dominantere Tiere versuchen, ihren eigenen Bereich und ihre Ressourcen zu kontrollieren. Die weniger dominanten beugen sich diesen Ansprüchen. In Wolfsrudeln ist die Rangordnung klar definiert. Jeder hat dort seine eigene Aufgabe im Rudel.

**Zusammenspiele sozialer Bindungen:** Die soziale Bindung spielt in einem Hunderudel eine besonders wichtige Rolle. Hunde, die zu territorialem Verhalten neigen, verteidigen ihre Bezugsperson und ihre engen Hundefreunde stark.

Neben den genannten Gründen gibt es noch viele weitere Situationen, in denen Hunde territoriales Verhalten zeigen können. Es handelt sich dabei um ein komplexes Thema, bei dem die unterschiedlichsten Verhaltensweisen auftreten können.

## JAGDVERHALTEN

Jagdverhalten (Rütter und Buisman 2015) ist bei vielen Hunderassen nicht untypisch. Pointer, Setter, Beagle und sogar der Golden Retriever gehören zu den bekannten Jagdhunderassen. Das Jagdverhalten wird dann signalisiert, wenn der Hund eine Beute oder einen Reiz empfängt und seine natürlichen Instinkte angesprochen werden. Ein solches Verhalten tritt auf, wenn sich Wild in der Nähe befindet, aber auch bei Katzen, Vögeln oder Mäusen. All diese Tiere stimulieren den Jagdtrieb eines Hundes und werden als Spielzeug oder Beute angesehen. Folgende Signale können auf ein Jagdverhalten hindeuten:

- fixierter Blick, aufgerichtete Ohren
- Rute wird leicht nach oben gestreckt oder in einer geraden Linie
- angespannte Körperhaltung Richtung Beute
- bellen, winseln
- lossprinten oder rennen Richtung Jagdobjekt
- Pfoten heben, um anzuzeigen

Es gibt verschiedene Situationen, in denen Hunde ein eindeutiges Jagdverhalten zeigen. Und zwar nicht nur, wenn sie ihre Beute schon gesichtet haben, sondern auch, wenn sie eine Beute riechen. Hunde können ihre Beute nicht nur mit den Augen wahrnehmen, sondern mit ihrer Nase und ihren Ohren. Sie reagieren auf Geräusche, wie das Rascheln unter Blättern oder den Geräuschen der Tiere und können ihre Beute Kilometer weit riechen. Allein auf der täglichen Gassirunde reagieren viele Hunde auf Mäuse oder andere Kleintiere, die sich auf Feldern oder in der nahen Umgebung befinden.

Das Jagdverhalten gehört zu den natürlichen Instinkten eines Hundes und ist je nach Hunderasse und Charakter mal mehr und mal weniger ausgeprägt. In vielen Situationen kann ein starker Jagdtrieb zu Problemen führen, insbesondere, wenn der Hund ein Wild oder ein anderes Tier jagt.

**Wichtig**: Der Jagdtrieb kann nicht einfach „wegtrainiert" werden. Was trainiert werden kann, ist die Impulskontrolle des Hundes, sodass er kontrollierbar ist.

Mäuse jagen, hinter Blättern rennen oder ein Wild hetzen – all das fällt unter das Jagdverhalten von Hunden und ist schon im Welpenalter deutlich an der Körpersprache zu erkennen.

Ein weiteres Video, auf dem körpersprachlich das Jagdverhalten gut erkennbar ist. Der Hund setzt seine Rute ein (schnelles wedeln, Aufregung), zeigt mit seinem Vorderlauf das Jagdobjekt an und zeigt mit seinem ganzen Körper seine volle Aufmerksamkeit auf die Jagd nach Mäusen.

In diesem Video ist die Aufregung bei der Jagd ebenfalls gut zu erkennen. In allen Videos sind verschiedene Hunde zu sehen, um zu zeigen, dass die Körpersprache bei

Hunden nahezu immer gleich ist, auch wenn es sich um unterschiedliche Rassen handelt. Einige Hunde, wie etwa unser Eurasier bilden die Ausnahme.

Ein letztes Video zur Körpersprache beim Jagdverhalten von Hunden. Anfangs ist sehr gut das Fixieren und Starren zu erkennen. Der Hund wurde durch ein Geräusch oder einen Geruch bei seiner Jagd abgelenkt und fixiert in eine bestimmte Richtung, bevor er seiner eigentlichen Jagd weiter nachgeht.

## AKTIVES UND PASSIVES DEMUTSVERHALTEN

Das aktive und passive Demutsverhalten (Schöning und Röhrs 2013) bezieht sich auf die Begrifflichkeiten Respekt, Unterwürfigkeit, Friedfertigkeit und soziale Interaktion. Diese Verhaltensweisen werden benutzt, um die Kommunikation untereinander zu fördern, Konflikte zu vermeiden und ein harmonisches Beisammensein zu schulen. Demutsverhalten ist in der Körpersprache der Hunde völlig normal und wichtig. Nur so können Hunde harmonisch miteinander kommunizieren und Konflikte vermeiden.

Das Demutsverhalten unterscheidet sich in der aktiven und in der passiven Verhaltensweise. Das Gesichtsschlecken gehört zum aktiven Demutsverhalten. Dabei schleckt der eine Hund dem anderen das Maul, ein solches Verhalten kommt sogar zwischen Hund und Mensch vor. Das Gesichtsschlecken soll die Unterwürfigkeit symbolisieren und eine freundliche und respektvolle Verbindung zueinander herstellen.

Folgende körpersprachliche Signale gehören ebenfalls zum aktiven Demutsverhalten bei Hunden:

- das klassische Pfoten heben
- auf den Rücken rollen
- eine niedrige Körperhaltung
- das senken der Rute

Auffallend ist besonders die niedrige Körperhaltung, die der Hund einnimmt, um das aktive Demutsverhalten körpersprachlich zu signalisieren. Dabei senkt der Hund seinen Kopf, nimmt eine niedrige Körperhaltung ein und rundet seinen Rücken ab. Mit diesem Demutsverhalten signalisiert er seinem Gegenüber, das er keinerlei aggressive Absichten hat, sondern freundlich und friedlich ist.

Ebenso typisch für das aktive Demutsverhalten ist das auf den Rücken rollen des Hundes, welches gerne als Unterwürfigkeitsgeste bezeichnet wird. Auch mit dieser Demutsgeste möchten Hunde kommunizieren, dass sie keinerlei Bedrohung darstellen.

Neben dem aktiven Demutsverhalten gibt es das passive Demutsverhalten, welches oftmals in einer Auseinandersetzung zwischen Hunden erkennbar ist. Im passiven Demutsverhalten reagiert der Hund auf eine Aktion des selbstbewussten Hundes. Ein Beispiel: Ein selbstbewusster Hund drohfixiert den anderen so lange, bis sich dieser auf die Seite legt und unterwirft. Der ganze Ablauf findet meistens ohne jeglichen Kontakt statt, sondern allein durch die Blicke und die Körpersprache.

Anzeichen für passive Demut können auch die folgenden sein:

- plötzliche Bewegungslosigkeit, einfrieren
- gähnen aufgrund von Stress oder Unsicherheit
- leichte Abwendung
- Vermeidung von Blickkontakt
- langsames Zurückweichen

Ein passiv demütiger Hund zeigt die oben genannten Verhaltensweisen nicht gleichzeitig. Sie treten in der Regel einzeln auf. Durch das passive Demutsverhalten signalisiert der Hund, dass er keinen Stress oder Konflikt möchte und sich aus der entsprechenden Situation herauszieht.

## DEFENSIVES UND OFFENSIVES DROHVERHALTEN

Das Drohverhalten bei Hunden (Schöning und Röhrs 2013) lässt sich, wie das Demutsverhalten, in zwei Hauptformen beschreiben. Zum einen in das defensive und zum anderen in das offensive Drohverhalten. Beides wird in der Kommunikation zwischen Hunden verwendet, um Konflikte zu klären und soziale Grenzen zu setzen.

Ein defensives Drohverhalten tritt bei Hunden dann ein, wenn sich der Vierbeiner bedroht oder unsicher fühlt. Mit seinem Verhalten versucht er die Gefahr abzuwehren und sich zu schützen. Diese Signale senden Hunde wie folgt:

- Einrollen oder verkleinern
- Knurren und/oder Zähne zeigen
- Zurückweichen

Neben den genannte Signalen ist der Gesichtsausdruck bei defensiven Drohverhalten entscheidend. Der Hund zeigt einen angespannten Gesichtsausdruck, der seine Untersicherheit unterstreicht. Viele Hunde zeigen in diesen Situationen ihre Zähne, um deutlich zu machen, dass sie bereit sind, sich zu verteidigen.

Andere wiederum ziehen sich langsam zurück, um eine größere Distanz zu ihrer Bedrohung zu schaffen oder knurren, um ihren Unmut kundzugeben.

Das offensive Drohverhalten tritt bei Hunden auf, die dominanter und selbstbewusster sind als andere. Möchte sich ein Hund einem anderen gegenüber überlegen positionieren, setzt er in der Körpersprache das offensive Drohverhalten ein, welches folgende Signale beinhaltet:

- starren oder fixieren
- knurren
- Aufstellen der Nacken- und Rückenhaare (Fellsträuben)
- erhöhte Körperstellung
- hoch getragene, steife Rute

Das offensive Drohverhalten ist aufgrund der Körpersprache deutlich zu erkennen. Besonders das Fellsträuben ist auf den ersten Blick gut zu erkennen. Dabei stellt der Hund sein Fell im Nacken und am Rücken auf und macht sich größer. Er möchte seinen Gegner damit einschüchtern. Die hochgetragene Rute soll die Dominanz und das Selbstbewusstsein des Hundes verdeutlichen und ebenfalls einschüchtern.

Als Hundehalter ist es wichtig zu wissen, dass ein Drohverhalten bei Hunden nicht unbedingt zu Aggressionen führen muss. Hunde setzen diese Signale in der Körpersprache ein, um Konflikte zu vermeiden und die Rangordnung untereinander zu klären. Trotz alledem ist es wichtig, das Drohverhalten, egal welcher Art, genau zu beobachten, um unerwünschte Konfrontationen oder Konflikte vermeiden zu können.

Die beiden Hunde in diesem Video zeigen körpersprachlich gleich mehrere Sequenzen. Zur Situation: Der Eurasier hat der Dalmatiner-Hündin das Spielzeug geklaut. Diese zeigt in ihrer Körpersprache deutliche Unsicherheit. Sie wedelt durchgehend mit der Rute und zeigt eine angespannte Körperhaltung. Der Eurasier lässt das Spielzeug fallen und geht erneut einen Schritt auf sie zu. Der Rüde fixiert sie zu diesem Zeitpunkt das erste Mal. Die Dalmatiner-Hündin dreht ihren Kopf zur Seite, signalisiert, dass sie keinen Ärger möchte und beschwichtigt. Am Ende ist deutlich offensives Drohverhalten seitens des Rüden zu erkennen. Er starrt sie an, legt seine Ohren flach nach hinten und zeigt seine Zähne.

In diesem Moment mussten wir die Situation auflösen, damit es nicht zu einem Konflikt kommt.

## KOMFORTVERHALTEN

Das Komfortverhalten bei Hunden (Lindner 2015) beschreibt alle Verhaltensweisen, die mit der Körperpflege des Hundes zusammenhängen und mit dem positiven Allgemeinbefinden. Mit diesem Verhalten möchten Hunde ihr eigenes Körperbefinden ausdrücken und deutlich machen, dass sie sich rundum wohlfühlen und entspannt sind.

Hunde signalisieren Komfortverhalten auf verschiedene Art und Weise. Folgende Signale können darauf hinweisen:

- lockere und entspannte Körperhaltung
- entspannte Ohren
- leichtes Hecheln
- entspannte Augen, weicher Blick
- lockere Rutenhaltung
- klassisches Bauchzeigen (auf den Rücken rollen)
- verspieltes Grinsen

Das klassische „Bauchzeigen" ist bei vielen Hundehaltern als Komfortverhalten bekannt. Dabei dreht sich der Hund auf den Rücken, zeigt seinen Bauch und hebt seine Vorderpfoten an. Ein eindeutiges Signal für Vertrauen und Wohlfühlen.

Abbildung 33: Komfortverhalten gut erkennbar, klassisches Bauchzeigen, entspannte Augen, lockere und entspannte Körperhaltung

Doch auch eine entspannte und lockere Körperhaltung kann das Komfortverhalten eines Hundes unterstreichen. Ein leichtes Hecheln ist ebenfalls zu erkennen, besonders an warmen Tagen. Wichtig ist, das leichte Hecheln von einem dauerhaften, gestressten Hecheln zu unterscheiden.

Häufig ist das Komfortverhalten auf einer Wiese erkennbar. Der Hund wälzt sich bspw. auf einer frisch gemähten Wiese und fühlt sich rundum wohl. Nicht zu verwechseln mit dem Aas wälzen, worauf wir in einem späteren Kapitel zu sprechen kommen.

Hunde wälzen sich gerne, um ihr Wohlbefinden auszudrücken und zu zeigen, dass sie sich rundum wohlfühlen.

## RÜCKZUGSVERHALTEN

In der Körpersprache von Hunden hat das Rückzugsverhalten (Krauß und Maue 2021) eine wichtige Rolle. Anhand dieses Verhaltens ist zu erkennen, ob sich der Hund wohlfühlt oder gestresst ist. Hunde brauchen einen sicheren Rückzugsort, an dem sie ihre Ruhe finden und sich zurückziehen können, wenn sie sich gerade überfordert fühlen oder ängstlich sind. Es ist daher wichtig, dem Hund einen eigenen Rückzugsort zu geben, an dem er sich sicher fühlen kann. Besonders bei gestressten Hunden oder Angsthunden ist der eigene Rückzugsort besonders wichtig.

Um die Bedeutung eines Rückzugsortes nochmals zu verdeutlichen, möchten wir auf die Wichtigkeit eingehen. Der eigene Rückzugsort hilft dem Hund bei der Stressbewältigung. Soziale Kontakte, eine neue Umgebung oder laute Geräusche, etwa bei einem Gewitter, können bei einem Hund Stress und Angst auslösen. An seinem Rückzugsort kann der Hund entspannen und sich beruhigen. Doch nicht nur für die Erholung und Entspannung ist dieser wichtig, auch für die Kommunikation. Der Hund signalisiert dadurch, dass er nicht gestört werden will und seine Ruhe möchte. Umso wichtiger ist es, den Rückzugsort dort aufzustellen, wo kein Durchgangsverkehr herrscht und der Hund in Ruhe gelassen wird.

Anhand folgender Signale ist das Rückzugsverhalten zu erkennen:

- die Suche nach einem ruhigen und abgelegenen Ort
- Zurückweichen aus einer stressigen Situation
- Gähnen
- Vermeidung von Blickkontakt
- niedrig getragene Rute
- Müdigkeit
- langsames Bewegen

Die Signale für das Rückzugsverhalten sind, wie bei anderen körpersprachlichen Signalen, individuell zu sehen. Hunde suchen aus verschiedenen Gründen einen Rückzugsort. Einige haben Angst vor Gewitter, andere brauchen einfach Ruhe und Erholung. Es ist wichtig, seinen eigenen Hund genau zu beobachten und zu schauen, welche Signale er bei diesem Verhalten sendet.

**Abbildung 34:** Der Hund sucht sich einen ruhigen Ort, an dem er sich verstecken kann und zeigt deutlich seine Müdigkeit

## SEXUALVERHALTEN

Ein natürlicher Bestandteil im Leben eines Hundes ist das Sexualverhalten (Wardeck-Mohr 2016). Dieses spielt bei der Fortpflanzung und bei der Sozialstruktur eine entscheidende und wichtige Rolle. Mit Beginn der Pubertät fängt das Sexualverhalten bei Hunden an. Rüden fangen an, beim Urinieren ihr Bein zu heben, Hündinnen werden das erste Mal läufig.

Das Sexualverhalten bezieht sich demnach auf die Paarungszeit der Hunde. In dieser Zeit zeigen Hunde klassische Verhaltensweisen, die auf ein sexuell erregtes oder ein deutliches Paarungsverhalten hindeuten.

Wichtig zu wissen ist, dass in dieser Zeit eine erhöhte Aggressivität bei Hunden möglich ist. Insbesondere dann, wenn sich der Hund bedroht fühlt oder sich ein anderer Hund in seinem Territorium befindet. Es ist wichtig in dieser Zeit besonders achtsam zu sein, angemessene Vorkehrungen zu treffen und Verletzungen oder ungewollte Schwangerschaften bei Hündinnen zu vermeiden.

Folgende körpersprachliche Signale zeigen Sexualverhalten:

- erhöhte Aufmerksamkeit gegenüber anderen Hunden
- vermehrtes Hecheln oder Speicheln
- aufrecht, getragene Rute
- Markieren, Hinterbein heben
- Berührungen und Annäherungsversuche
- Bellen und Winseln
- Aufreiten
- Flirten
- Unruhe, Aufregung
- Schnüffeln an den Genitalien

Hunde zeigen Sexualverhalten auf verschiedene Art und Weise. Bei intakten Rüden (nicht kastrierte Rüden) ist eine klare Körpersprache gegenüber läufigen Hündinnen zu erkennen. Der Rüde hebt seine Nase und kann eine läufige Hündin über mehrere Kilometer riechen und verfolgen. Vermehrtes Markieren, das Schnüffeln an den Genitalien der Hündin und der Versuch aufzureiten (besteigen, rammeln) zeigen klares Sexualverhalten.

Doch auch eine läufige Hündin kann mit ihrer Körpersprache Sexualverhalten zeigen. Sie lockt den Rüden heran und reagiert auf die ersten Annäherungsversuche. Sie kann diese seitens des Rüden akzeptieren oder ablehnen. Hündinnen zeigen zudem ein größeres Interesse in der Erkundung der Umgebung. Auch sie markiert ihr Territorium, in dem sie uriniert.

Das Sexualverhalten bei Hunden hängt stark vom Fortpflanzungszyklus und den individuellen Charakteren ab. Wichtig ist, das Sexualverhalten zu kontrollieren, um das Wohlbefinden oder die Gesundheit des Hundes nicht zu gefährden.

Dieses Video zeigt unseren Rüden Tommy und seine große Liebe, die Herdenschutzhündin Miley. Unser Rüde versucht immer wieder aufzureiten, wohingegen es für Miley nur ein Spiel ist. Dieses Video zeigt zwar nur einen kleinen Ausschnitt, verdeutlicht jedoch das Sexualverhalten bei Hunden.

## KONFLIKTVERMEIDUNG IN DER KOMMUNIKATION VON HUNDEN

Hunde gehören zu den sozialen Tieren, die gerne miteinander kommunizieren, soziale Konflikte lösen und Probleme vermeiden (Schmidt-Röger und Blank 2017). Nicht immer lassen sich Konflikte unter Hunden vermeiden, besonders wenn es um Nahrung, Spielzeug oder andere Ressourcen geht. In der freien Natur kommunizieren Hunde untereinander mit ihrer Körpersprache, entschärfen dadurch Konflikte und vermeiden brenzlige Interaktionen. Es gibt verschiedene Methoden, wie Hunde gezielt Konflikte vermeiden. Dabei setzen sie ihre volle Körpersprache und Lautäußerungen ein und zeigen deutliches Vermeidungsverhalten.

Durch ihre unschlagbare Kommunikation sind Hunde nicht nur in der Lage ihre Absichten und Emotionen auszudrücken, sondern auch ihre individuellen Grenzen und Bedürfnisse zu kommunizieren. Beruhigungs- und Beschwichtigungssignale sind zwei wichtige Bereiche in der Kommunikation unter Hunden.

# KOMMUNIKATION DURCH BESCHWICHTIGUNGSSIGNALE (CALMING SIGNALS)

Beschwichtigungssignale (Rugaas und Reinhardt 2001), auch Calming Signals genannt, spielen in der Körpersprache von Hunden eine entscheidende Rolle und werden bei Konfliktlösungen eingesetzt. Diese Signale helfen dabei, Konflikte entweder zu vermeiden oder zu lösen. Hunde setzen sie ein, um ihre Absichten und Emotionen zu verdeutlichen und dem gegenüber zu signalisieren, dass sie kein Ärger wollen. Sie versuchen mit den Beschwichtigungssignalen (auch Beruhigungssignale genannt) für eine entspannte Atmosphäre zu sorgen.

Hunde zeigen Beschwichtigungssignale auf verschiedene Art und Weise. Diese unterscheiden sich nicht nur individuell in der jeweiligen Situation, sondern auch je nach Rasse und Charakter der Hunde. Wie schon erwähnt ist die Körpersprache bei einigen Hunderassen deutlich ausgeprägter als bei anderen, sodass Beschwichtigungssignale unterschiedlich gezeigt werden.

Folgende Signale können als sogenannte Calming Signals eingesetzt werden:

- gähnen
- schlecken der Lefzen
- Augenblinzeln
- langsame Bewegungen
- kratzen
- Ohren zurücklegen
- senken der Rute
- hinlegen oder setzen
- Gesichtslecken
- Sanftes Wedeln mit der Rute
- urinieren

Der Hund zeigt diese Signale, um seinem Gegenüber zu verdeutlichen, dass er ruhig und entspannt ist und keinerlei Aggressionen zeigt. Hunde untereinander kennen diese Signale und wissen sie einzuordnen, sodass Konflikte dadurch entschärft und vermieden werden können.

Doch nicht nur Hunde können Beruhigungssignale einsetzen, um Konflikte zu vermeiden. Auch Hundehalter können sie verwenden, um die Kommunikation zwischen ihnen und ihren Hunden zu verbessern. Es ist etwa möglich, den Blick von einem anderen Hund abzuwenden, um dem eigenen Vierbeiner zu zeigen, dass keinerlei Gefahr oder Bedrohung vorliegt.

Es gibt viele Calming Signals, die Hunde gezielt in ihrer Körpersprache einsetzen. Wir möchten dazu drei

Beispiele geben, um zu verdeutlichen, wie wichtig diese Signale in der Körpersprache eines Hundes sind.

### Das Abwenden des Blickes

Hunde drehen ihren Kopf zur Seite und wenden dadurch ihren Blick ab, um den direkten Blickkontakt zu vermeiden. Anstarren ist unter Hunden ein Zeichen von Unhöflichkeit und wird bei gut sozialisierten Hunden jederzeit vermieden. In der Kommunikation zwischen zwei Hunden ist das Abwenden des Blickes sehr gut zu erkennen. Ein Hund wendet seinen Kopf ab, wenn er etwas nicht möchte oder ein bestimmtes Verhalten ignoriert.

### Das Heben der Pfote

Das Pfoten heben wird ebenfalls als Beschwichtigungssignal eingesetzt. Nehmen wir an, ein Hund befindet sich auf einem eingezäunten Grundstück. Ein anderer kommt zu ihm und schnuppert an ihm. Hund 1 hat nicht die Möglichkeit auszuweichen oder wegzugehen. Er hebt die Pfote und wendet seinen Blick ab.

### Urinieren

Urinieren wird nicht nur als reine Markierung genutzt, sondern auch als Beschwichtigungssignal unter Hunden. Wichtig ist, dass solche Situationen immer individuell und im Gesamten zu deuten sind. Ein gutes Beispiel dafür sind Hunde, die eher gestresst sind. Der Hund soll sich setzen und beruhigen. In diesen Situationen zeigen viele Hunde eine Vielzahl an deutlichen Signalen. Der Hund fängt an, auf dem Boden zu schnüffeln, er markiert, hebt die Vorderpfote und schleckt sich die Lefzen. Alles Beschwichtigungssignale, die bei einem gestressten Hund auftreten können.

Grundsätzlich ist das Urinieren eine Art der Kommunikation unter Hunden. Je aufgeregt dieser jedoch ist, umso mehr markiert er auch.

Das Einsetzen der sogenannten Calming Signals ist in der Kommunikation unter Hunden besonders wichtig und vor allem auch erwünscht. Besonders im Umgang mit anderen Hunden kann das Einsetzen von Beschwichtigungssignalen sinnvoll sein. Wer seinen eigenen Hund genau beobachtet, wird feststellen, dass er lieber Missverständnisse bereinigt und Konflikte löst. Dies hat zur Folge, dass der Hund nicht sofort aufs Wort hört, sondern mit seiner Körpersprache deutliche Signale sendet.

## KOMMUNIKATION DURCH ÜBERSPRUNGSHANDLUNGEN

Übersprungshandlungen (Schlegl-Kofler 2015) gehören zu den Verhaltensweisen von Hunden, die ein Hundehalter kennen und erkennen sollte. Diese Verhaltensweisen legen Hunde an den Tag, wenn sie besonders gestresst sind oder sich in einer Konfliktsituation befinden. Wichtig ist, dass eine Übersprungshandlung keinerlei Bezug auf die aktuelle Situation hat. Sie dienen lediglich dazu, sich abzulenken oder zu beruhigen. Eine solche Kommunikation hilft nicht nur dem Hund, sondern kann dazu beitragen, einen Konflikt zu vermeiden. Hunde bauen durch Übersprungshandlungen Spannungen und Stress ab, was wiederum zu einer Verbesserung der Kommunikation unter Hunden führt.

Ist der Hund bspw. gestresst, weil er einen anderen Hund trifft oder sich in einer anderen Konfliktsituation befindet, leckt er sich die Pfote oder kratzt sich plötzlich. Mit dieser Verhaltensweise versucht er sich zu beruhigen und den Konflikt, in dem sich der Hund gerade befindet, zu vermeiden.

Übersprungshandlungen sind oft ein klares Zeichen von Stress, Unbehagen oder Konflikten. Folgende Signale können auf eine Übersprungshandlung deuten:

- plötzliches Lecken und Putzen
- plötzliches Kratzen
- Schütteln des Körpers (Stress abschütteln)
- vermehrtes Urinieren
- schnellere Atmung, hecheln
- starrer Blick, fixierender Blick
- zittern

Zeigt ein Hund Übersprungshandlungen ist es oftmals ein Zeichen für Stress oder einer Situation, in der er sich überfordert fühlt. Es ist wichtig herauszufinden, in welchen Situationen der Hund ein solches Verhalten zeigt, um den Stress oder den Konflikt schon im Vorfeld zu vermeiden.

Stress abschütteln, wie oben beschrieben, ist im Spiel normal. In diesem Video ist am Ende gut zu erkennen, wie der größere Hund sich einmal kräftig schüttelt, um die Energie (den Stress) loszuwerden.

## WELCHE ROLLE SPIELEN GERÜCHE IN DER KÖRPERSPRACHE UND KOMMUNIKATION VON HUNDEN?

In der Kommunikation unter Hunden spielen Gerüche eine wichtige Rolle. Hunde besitzen eine sehr feine Nase, die sie dazu nutzen, um Informationen zu sammeln und ihre Umgebung genau zu untersuchen. Hunde sind in der Lage, das Geschlecht, das Alter und den gesundheitlichen Zustand anderer Hunde zu riechen. Außerdem können sie mit ihrer Nase die Stimmung und die Dominanz anderer Hunde erkennen.

Hunde nutzen daher ihre eigenen Hinterlassenschaften als Geruchsmarkierung, um ihr eigenes Territorium zu markieren und andere Hunde zu warnen, aber auch anzulocken. Sie sind in der Lage, den Geruch von anderen Hunden aufzunehmen und ihre Identität zu erkennen.

Gerüche spielen in der Kommunikation unter Hunden eine wichtige Rolle und sind ein wesentlicher Bestandteil, mit anderen Vierbeinern in der Umgebung zu interagieren.

## KOMMUNIKATION DURCH URINIEREN, KOTEN, WITTERN, AASWÄLZEN, KOT FRESSEN

Hunde nutzen verschiedene Gerüche um zu markieren, um miteinander kommunizieren zu können. Sie urinieren, koten oder wälzen sich in Aas. In diesem Kapitel gehen wir genauer auf die Kommunikation durch Gerüche ein und beschreiben, warum Hunde sich in der Art verhalten.

Die Kommunikation durch Urinieren

Das Urinieren ist in der Hundekommunikation ein wichtiger Bestandteil, um das eigene Territorium zu markieren. Hunde nutzen ihren Urin, um nicht nur über sich selbst Informationen preiszugeben, sondern auch in den Austausch mit anderen Hunden zu gehen. Beim Urinieren geben Hunde bestimmte chemische Signale ab, die von anderen gelesen werden können.

Dazu gehören bspw. Pheromone. Diese geben Informationen über das Geschlecht, den Status der Hormone, das Alter und den Gesundheitszustand eines Hundes preis. Über diese Form der Kommunikation sind Hunde in der Lage, einen potenziellen Partner zu finden oder sogar herauszufinden, ob ein anderer Vierbeiner krank oder verletzt ist.

Das bedeutet, dass Hunde durch den Urin eine Duftmarke hinterlassen, die andere Hunde einlädt, sie zu lesen. Besonders Rüden markieren ständig ihr Revier, heben ihr Bein dabei und platzieren ihre Duftmarke höher als andere. Damit demonstrieren sie zugleich ihre Dominanz. Hündinnen können zwar auch ihr Bein heben, urinieren jedoch eher im Stehen oder Liegen.

Hunde urinieren nicht nur, um Duftmarken zu setzen, sondern auch aus Angst, Aufregung oder Unsicherheit.

<u>Die Kommunikation durch Koten</u>

Neben dem Urinieren kommunizieren Hunde durch Koten. Auch dieses Verhalten dient als Markierung des eigenen Territoriums. Hunde setzen an bestimmten Stellen Kot ab und signalisieren anderen Hunden dadurch, dass dies ihr Territorium ist. Wie der Urin auch, enthält der Kot von Hunden wichtige Informationen über das Geschlecht, den Gesundheitszustand und sogar über den Ernährungszustand eines anderen Hundes. Selbst eine Information, wann der Kot abgesetzt wurde, ist für den Hund lesbar.

Es kommt sporadisch bis nie vor, dass Koten als reines Kommunikationsmittel dient. Bislang gibt es noch keine Beweise dafür, ob Hunde mit jedem Kot absichtlich eine Botschaft senden. Schließlich handelt es sich um eine Notwendigkeit und nicht um ein bewusstes, kommunikatives Verhalten. Trotz alledem sind Hunde in der Lage, über den Kot eines anderen wichtige und hilfreiche Informationen herauszufinden.

## Die Kommunikation durch Wittern

Das Wittern bei Hunden ist ein besonders wichtiger Teil ihrer Wahrnehmung. Durch das Wittern haben Hunde die Möglichkeit, verschiedene Gerüche aufzunehmen und die darin enthaltenen Informationen zu verarbeiten.

Es handelt sich daher um ein wichtiges Kommunikationsmittel und hilft dabei, wichtige Informationen aus der Umgebung zu sammeln. Hunde können durch das Wittern sämtliche Gerüche aufnehmen, die Umgebung erkunden und sich navigieren. Durch ihr feines Riechorgan sind sie sogar in der Lage Emotionen, Krankheiten und Stimmungen von anderen aufzunehmen.

Damit ein Hund wittern kann, nutzt er seine Nase, um intensiv und konzentriert zu schnuppern. Seine Körperhaltung ist dabei gestreckt und seine Nase befindet sich am Boden. Hunde stellen dabei ihre Ohren auf, damit sie nicht nur riechen, sondern alle weiteren Geräusche in der Umgebung aufnehmen können. Die Rute ist dabei hochgezogen und steif.
Dadurch lenken sie ihre volle Aufmerksamkeit auf das Wittern einer Spur. Im Verhalten zeigen sich Hunde in der Regel langsamer oder bleiben sogar stehen, damit sie sich uneingeschränkt auf die Witterung konzentrieren können. Es kann aber auch passieren, dass der Hund schnellen Schrittes einer Spur folgt.

### Die Kommunikation durch Aaswälzen

Aaswälzen ist ein natürliches Verhalten von Hunden. Dabei legt sich der Hund auf den Boden, rollt seinen Körper über den Boden und wälzt sich regelrecht in Aas. Einige Hunde machen dabei Geräusche, andere wiederum werfen sich kommentarlos in das Aas und wälzen sich.

Für uns Menschen scheint dieses Verhalten nicht nur unangenehm, sondern auch ekelig zu sein. Für den Hund hingegen handelt es sich um ein völlig natürliches und normales Verhalten, welches auf verschiedene Art und Weise interpretiert werden kann. Hunde wälzen sich in Aas, um unangenehme Gerüche aus dem Fell loszuwerfen. Ein weiterer Grund für ein solches Verhalten kann die Kommunikation unter Hunden sein. Das Wälzen kann bedeuten, dass der Hund seiner Umgebung signalisiert, dass er friedlich und nicht gefährlich ist.

Es ist ebenso bekannt, dass sich Hunde in Aas wälzen, um gut zu riechen und den Duft aufzunehmen. Experten sagen, dass Hunde dadurch kommunizieren und die Gerüche und Informationen verbreiten. Dieses Verhalten wird auch sexuelles Imponiergehabe genannt. Eine Verhaltensweise, die daran zu erkennen ist, dass sich der Hund zuerst in Aas wälzt und anschließend in einem dynamischen Schritt oder sogar Galopp los rennt. Der Hund möchte seinen Menschen oder anderen Hunden zeigen, dass er in der Lage ist selbst in der Lage ist Beute zu machen und zu nähren.

# FAZIT

Die Körpersprache der Hunde ist ein komplexes und dennoch interessantes und spannendes Thema. In diesem Buch haben wir Ihnen die vielfältigen Facetten der Körpersprache von Hunden erklärt, die emotionalen Ausdrucksformen nahegebracht und die körpersprachlichen Signale erläutert. Durch diese Grundkenntnisse in der Körpersprache von Hunden ist es für Sie persönlich leichter, Ihren Vierbeiner zu verstehen und eine enge Bindung aufzubauen. Häufig wird die Körpersprache von Hunden unterschätzt. Sie ist das Wichtigste für unsere Vierbeiner, um mit uns und anderen Artgenossen zu kommunizieren. Nur so können Hunde uns ihre Emotionen und individuellen Bedürfnisse mitteilen. Unsere Aufgabe als Hundehalter ist es, diese zu verstehen und darauf eingehen zu können.

In diesem Buch haben wir die erstaunliche Vielfalt von Gefühlen und Absichten eines Hundes kennengelernt. Seine Körperhaltung, seine Mimik und seine Bewegungen und Lautäußerungen werden dafür benutzt, um in verschiedenen Situationen zu handeln und sich mitzuteilen.

Die Bedeutung der Körpersprache bei Hunden ist nicht zu unterschätzen. Sie hilft nicht nur unseren Hunden zu kommunizieren, sondern auch uns Menschen, die Hunde zu verstehen. Je besser wir die Körpersprache unseres Hundes deuten und lesen können, umso intensiver wird die Bindung zwischen uns und unseren Vierbeinern. Es ist unsere Aufgabe herauszufinden, was der Hund uns mit seiner Körpersprache sagen möchte, um sein Wohlbefinden zu fördern und seine individuellen Bedürfnisse zu stillen.

# DANKSAGUNG

Abschließend möchten wir allen Menschen danken, die uns Videos und Fotos zur Verfügung gestellt haben, um die Körpersprache der Hunde in den unterschiedlichsten Situationen deutlicher darstellen zu können.

**Wir danken euch vom Herzen für eure Unterstützung:**

Steffi und Dennis mit Bonny
Laura und Benni mit Kalle
Julia mit ihren Boggls
Beate und Udo mit Miley
Andrea und Martin mit Asisa und Geschwistern
die Frauchen´s von Filou
Birte mit Goki
Steffi mit Luis

Außerdem danken wir unserer Familie und unseren Freunden, die uns Tag für Tag unterstützen und unsere Herzensprojekte ermöglichen.

Das Arbeiten mit Hunden ist für uns nicht nur ein Hobby geblieben, sondern eine Berufung, der wir von ganzem Herzen nachgehen.

**Wir danken euch allen von Herzen!**

Abbildung 35:     Richy und Tommy (unsere zwei Herzenshunde)

## BONUS: PRAXISBEISPIELE UND LÖSUNGSANSÄTZE

Wollen Sie mehr über die Körpersprache des Hundes erfahren und das theoretische Wissen durch praktische Beispiele und Lösungsansätze erweitern? Dann melden Sie sich in unserem Newsletter von www.hundios.de an und Sie bekommen die PDF-Datei mit zahlreichen Praxisbeispielen und Lösungen direkt per E-Mail zugesandt. Dort können Sie mehr über die Körpersprache von Hunden erfahren und zusätzliche Beispiele in der Praxis nachlesen.

Nach der Newsletter-Anmeldung bekommen Sie eine Willkommens-Mail von uns. In dieser finden Sie einen Link mit dem Reiter „Passwortgeschützter Bereich". Klicken Sie auf diesen Link und geben Sie als Passwort

**Praxis_Hunde_flüstern_anders**

ein. Sie gelangen dort auf einen geschützten Bereich unseres Hundeblogs und können sich die Datei herunterladen.

# ABBILDUNGSVERZEICHNIS

Abbildung 1:Jennifer und Marco Schöffel mit ihren zwei Hunden Richy (links) und Tommy (rechts)..2
Abbildung 2: Körpersprachliches Ausdrucksverhalten beim Hund .................................................. 4
Abbildung 3:Mensch-Hund-Beziehung ist für beide Seiten besonders wichtig ....................................... 13
Abbildung 4:Verdeutlichung der Appellebene ................ 15
Abbildung 5:Eine gute Kommunikation zwischen Mensch und Hund verbessert die Bindung ............. 17
Abbildung 6:Nahaufnahme Canis lupus ......................... 20
Abbildung 7:Wolfsrudel in freier Wildbahn .................... 21
Abbildung 8:Eindeutig erkennbare Körpersprache zwischen zwei Wölfen ................................ 25
Abbildung 9:Wolf heult ..................................................... 26
Abbildung 10: Wolf bei der Jagd ................................ 28
Abbildung 11: Hund zeigt Unterwürfigkeitsgeste ..... 30
Abbildung 12: Hund zeigt Drohverhalten durch Zähne zeigen ........................................................ 32
Abbildung 13: Hund markiert Baum mit seinem Urin 33
Abbildung 14: Hund in später Erwachsenenphase ........ 35
Abbildung 15: deutliche Körpersprache; ängstlicher, unterwürfiger Hund ................................. 38
Abbildung 17: Welpe zieht Lefzen herunter und schmollt .................................................................. 67
Abbildung 19: Hunde hecheln, um ihre Körpertemperatur zu lieren .................................................. 75

Abbildung 20: Die Dogge zeigt die klassische Spielgeste in ihrer Körpersprache .................................. 82
Abbildung 22: Durch seinen gehobenen Hals zeigt dieser Hund im Feld eine erhöhte Aufmerksamkeit ............................................................. 86
Abbildung 23: Hund hat Angst und zeigt dies durch seine eingeklemmte Rute .................................. 90

# LITERATURVERZEICHNIS

Angeles, Gonzalez Algaba (2015): Faszination Wolf - Wölfe verstehen lernen. 1. Aufl. Berlin: epubli GmbH.

Esser, Johanna (2016): Körpersprache von Hund und Mensch. Mimik, Körperhaltung, Bewegung. Stuttgart: Kosmos (Praxiswissen Hund).

Feddersen-Petersen, Dorit (2008): Ausdrucksverhalten beim Hund. Mimik und Körpersprache, Kommunikation und Verständigung. Unter Mitarbeit von Dorit Feddersen-Petersen. Stuttgart: Kosmos.

Gansloßer, Udo; Krivy, Petra (2021): Mein Hund hat Stress. 1. Auflage. Zug: Müller Rüschlikon.

Hallgren, Anders; Lehari, Gabriele (2011): Stress, Angst und Aggression bei Hunden. Unter Mitarbeit von Anders Hallgren und Gabriele Lehari. Schwarzenbek: Cadmos-Verl. (SitzPlatzFuss-Edition).

Handelman, Barbara (2010): Hundeverhalten. Mimik, Körpersprache und Verständigung. Unter Mitarbeit von Barbara Handelman. Stuttgart: Kosmos.

Käufer, Mechtild (2011): Spielverhalten bei Hunden. [Spielformen und -typen, Kommunikation und Körpersprache]. Unter Mitarbeit von Mechtild Käufer. Stuttgart: Kosmos.

Krauß, Katja; Maue, Gabi (2021): Emotionen bei Hunden sehen lernen. 2. Auflage. Nerdlen/Daun: Kynos.

Krüger, Anne (2008): Besser kommunizieren mit dem Hund. Die HarmoniLogie-Methode der Schäferin aus Funk und Fernsehen. 1. Aufl. München: Gräfe und Unzer.

Lindner, Ronald (2015): Was Hunde wirklich wollen. 1. Aufl. München: Gräfe und Unzer (GU Haus & Garten Tier-spezial).

Reichertz, Jo (2010): Kommunikationsmacht. Was ist Kommunikation und was vermag sie? Und weshalb vermag sie das? Wiesbaden: VS Verlag für Sozialwissenschaften (Springer eBook Collection Humanities, Social Science).

Reichholf, Josef H. (2020): Der Hund und sein Mensch. Wie der Wolf sich und uns domestizierte. München: Carl Hanser Verlag GmbH & Co. KG. Online verfügbar unter https://www.onleihe.de/goethe-institut/frontend/mediaInfo,51-0-1336420514-100-0-0-0-0-0-0-0.html.

Rugaas, Turid; Reinhardt, Clarissa von (2001): Calming signals - die Beschwichtigungssignale der Hunde. 7. Aufl. Grassau: Animal Learn Verl.

Rütter, Martin; Buisman, Andrea (2015): Jagdverhalten bei Hunden. Der Weg zum zuverlässigen Begleiter. Stuttgart: Franckh-Kosmos Verlags-Gmbh & Co. KG.

Schlegl-Kofler, Katharina (2015): Hundesprache. [damit wir uns richtig verstehen]. Unter Mitarbeit von Monika Wegler. 1. Aufl. München: Gräfe und Unzer (Tierratgeber).

Schmidt-Röger, Heike; Blank, Susanne (2017): Hundeverhalten. Körpersprache und Ausdrucksweise erkennen und verstehen. Stuttgart: Franckh-Kosmos Verlags-Gmbh & Co. KG.

Schöning, Barbara; Röhrs, Kerstin (2013): Hundesprache. Mimik und Körpersprache richtig deuten. Stuttgart: Franckh-Kosmos Verlags-Gmbh & Co. KG.

Schulz von Thun, Friedemann (2014): Miteinander reden. Orig.-ausg., Sonderausg. Reinbek bei Hamburg: Rowohlt-Taschenbuch-Verl. (Rororo, 62875).

Wardeck-Mohr, Barbara (2016): Die Körpersprache der Hunde. Wie Hunde uns ihre Welt erklären. 1. Auflage. Nerdlen/Daun: Kynos Verlag.

Watzlawick, Paul (2016): Man kann nicht nicht kommunizieren. Das Lesebuch. 2., unveränderte Auflage. Hg. v. Trude Trunk. Bern: Hogrefe (Psychologie). Online verfügbar unter http://elibrary.hogrefe.de/9783456956008.

Wilde, Nicole (2008): Der ängstliche Hund. Stress, Unsicherheiten und Angst wirkungsvoll begegnen. Nerdlen: Kynos-Verl. (Das besondere Hundebuch).

Zimen, Erik (2003): Der Wolf. Verhalten, Ökologie und Mythos ; das Vermächtsnis des bekannten Wolfsforschers. Neuaufl. Stuttgart: Kosmos.

## Mit der Nase voraus - Fährtenarbeit mit Hunden

Erleben Sie gemeinsame Abenteuer und stärken Sie die Bindung zu Ihrem Hund - mit praxisnahen Anleitungen und Tipps für jedes Level

„Mit der Nase Voraus" ist ein Ratgeber, der sich mit dem Thema Fährtenarbeit bei Hunden beschäftigt. Von der Geschichte bis hin zu Trainingseinheiten und Übungen für zu Hause erfahren Sie in diesem Buch alles rund um das Thema Nasenarbeit bei Hunden. Der Ratgeber ist für Hundehalter geeignet, die gerne auch in ihrer Freizeit Nasenarbeit und Spiele mit ihrem Vierbeiner entdecken möchten.

Das Buch ist auf Amazon.de unter folgendem Link erhältlich:

https://www.amazon.de/Mit-Nase-voraus-F%C3%A4hrtenarbeit-praxisnahen/dp/B0C1JK3LKB/ref=tmm_pap_swatch_0?_encoding=UTF8&qid=1693727076&sr=8-2

## **Malinois Erziehung**

Alles, was Sie über die Ernährung, Erziehung und den Charakter von Malinois wissen müssen

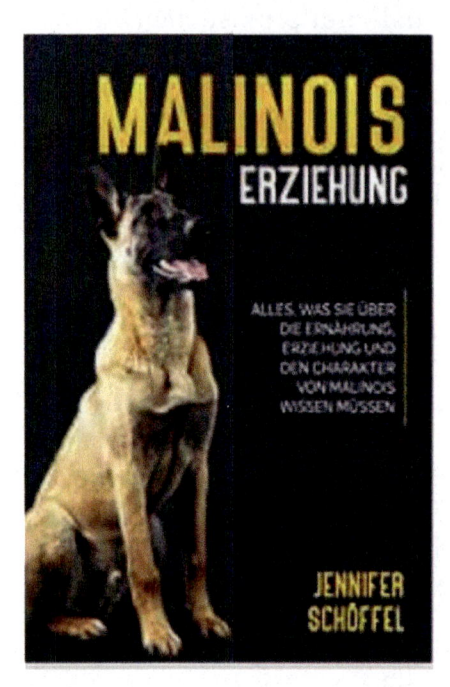

Der belgische Schäferhund gehört zu den besonders aktiven und lernfähigen Hunderassen und wird heute gern als liebevoller Familienhund gehalten.

Doch was macht den Malinois so besonders? Worauf ist in der Haltung und Erziehung zu achten? Welche Charakterzüge überwiegen bei der Hunderasse?

Genau diese Fragen werden in diesem Ratgeber behandelt.

Das Buch ist auf Amazon.de unter folgendem Link erhältlich:

https://www.amazon.de/gp/product/B09CLPVKK8/ref=dbs_a_def_rwt_hsch_vapi_tkin_p1_i1

**Rückfragen, Lob oder Anregungen?
Schreiben Sie mir gerne eine E-Mail:**

**info@hundios.de**

Besuchen Sie unsere Homepage, um noch mehr
Wissen über Hunde zu erhalten:

**www.hundios.de**

# RECHTLICHES

Alle Rechte vorbehalten. Nachdruck sowie Auszüge sind verboten. Kein Teil des Werkes darf ohne schriftliche Genehmigung des Autors in irgendeiner Form reproduziert, vervielfältigt oder verbreitet werden. Alle Angaben in diesem Buch erfolgen nach bestem Wissen und Gewissen. Sorgfalt bei der Umsetzung ist dennoch geboten. Haftungsansprüche gegen den Autor, welche sich auf Schäden gesundheitlicher, materieller oder ideeller Art beziehen, die durch Nutzung oder Nichtnutzung der dargebotenen Informationen bzw. durch die Nutzung fehlerhafter und unvollständiger Informationen verursacht wurden, sind grundsätzliche ausgeschlossen, sofern seitens des Autors kein nachweislich vorsätzliches oder grob fahrlässiges Verschulden vorliegt. Dieses Buch ist kein Ersatz für medizinische oder professionelle Beratung und Betreuung.

**Impressum**
Jennifer Schöffel
Jakobshof
44289 Dortmund, Deutschland

Coverdesign: Natalia Danchenko

1.Auflage 2023

Printed in Great Britain
by Amazon